初中数学教学研究

张福阳　著

吉林人民出版社

图书在版编目（CIP）数据

初中数学教学研究 / 张福阳著. --长春：吉林人民出版社，2024.8. --ISBN 978-7-206-21358-8

Ⅰ．G633.602

中国国家版本馆 CIP 数据核字第 2024T0T535 号

初中数学教学研究

CHUZHONG SHUXUE JIAOXUE YANJIU

著　　者：张福阳

责任编辑：金　鑫

封面设计：豫燕川

出版发行：吉林人民出版社（长春市人民大街 7548 号　邮政编码：130022）

印　　刷：唐山才智印刷有限公司

开　　本：787mm×1092mm　　1/16

印　　张：9.75　　　　　　字　　数：131 千字

标准书号：ISBN 978-7-206-21358-8

版　　次：2025 年 6 月第 1 版　　印　　次：2025 年 6 月第 1 次印刷

定　　价：68.00 元

如发现印装质量问题，影响阅读，请与出版社联系调换。

前　言

　　一个有意义的学习过程应该是学生以一种积极的心态，调动原有的知识和经验尝试解决新问题、同化新知识，并构建他们自己的认知结构的过程。这就要求教师在进行教学活动时应十分重视对学生自主学习能力的培养，这不但能帮助学生更快、更好地掌握与吸收所学知识，学会学习，还能培养他们的探索能力、解决问题的能力及应用意识和创新精神。

　　教学是学校的中心工作，是培养创新人才、进行教学改革的重要渠道。在新课程理念下，有效的课堂教学要以学生的进步和发展为宗旨。在初中数学课堂教学中，教师应创设和谐的教学氛围，设立多层次教学目标，创新数学课堂的教学，实施有针对性的教学策略，改进学生评价机制，让课堂充满生命活力，实现课堂教学的高质量和高效率，并让"有效"之效成为一种长效。

　　本书整体架构清晰，逻辑顺畅，条理分明，语言朴实而严谨，符合读者的阅读习惯。笔者在撰写本书的过程中，参考了一些专家与学者的研究成果，在此对他们表示衷心的感谢。在撰写的过程中，笔者虽几易其稿，但随着现代教育技术的快速发展，新的教学方法与思想不断涌现，因此，书中难免会存在疏漏和不当之处，敬请读者提出宝贵意见。

目 录

第一章

初中数学教学概述

第一节　初中数学教学的内涵

数学教学是数学活动的教学。现代数学哲学研究认为，数学不仅是一门知识，更是人类实践活动创造的产物，是一个由问题、方法、语言、命题及理论等多种元素组成的复合体。认识数学的本质特征，不仅要从静态的知识表征来看，还要从动态的数学活动过程来看，结果是一种组织得很好的形式状态。而组成教学整体的另一个非常重要的方面是数学活动的过程。从总体上来说，数学是思维的活动过程，是数学真理的抽象概括过程。

一、数学教学的基本要素及其关系

（一）参与数学教学活动的要素

1. 教学对象——学生

数学教学活动是为学生组织的，没有学生就没有组织数学教学活动的必要与可能。学生是学习的主体，是数学教学活动的根本因素。学生这个因素主要是指学生的身心发展水平、已有的认知结构、个性特点、能力倾向和学习前的准备情况等。

2. 教师

教师是教学活动的组织者，也是让学生进行数学学习的引导者。在教学活动中，学生也会进行自学，但这种自学是在教师指导下进行的，仍属于数学教学活动的组成部分。教师这个要素主要是指教师的思想、业务水平、个性修养、教学态度和教学能力等。

3. 教学目标

教学活动是有目的的活动，而组织数学教学活动是为了达到一定的教学目标。所以，数学教学目标也是数学教学活动必不可少的要素之一。这里说的目标是广义的，它包含的范围大小可能不一样，大之如一个现代公民应具备的数学素质标准和各级各类人才的培养目标，中之如数学学科的课程目标，小之如一个学习单元或一节课所完成的具体目标。

4. 教学内容

在数学教育教学中，教学目标主要依靠数学教学内容，或者说依靠数学课程来完成。这是数学教学活动中最具实质性的因素。数学教学内容是指由一定的数学知识与技能、数学思想方法、数学问题（例题、习题）等内容组成的结构或体系，具体表现为数学课程标准和具体的数学教材。

5. 教学方法

教师如何组织学生通过数学教学内容的学习来达成教学目标？这要依靠一系列的教学方法。所以说，教学方法也是构成教学活动的一个基本要素。这里所说的方法是广义的，它包括教师在课内和课外所使用的各种教学方法、教学艺术、教学手段以及各种教学组织形式，不管它们是具体的、显见的还是潜移默化的。

6. 教学环境

任何教学活动都必须在一定的时空条件下进行。一定的时空条件是指有形的和无形的特定的教学环境。有形的教学环境包括校园及周边环境、教室设备和布置，以及气候与温度等。无形的教学环境包括师生之间、同学之间的人际关系，校风与班风，以及课堂学习气氛等。所有这些环境与条件是教学活动必须凭借而又无法摆脱的，因此它必然构成教学活动的一个要素。

（二）数学教学各要素之间的关系

学生是学习的主体，所有的数学教学要素都是围绕着学生这一主体组织安排的，数学教学的质量与效果也是从学生身上体现出来的。因此，学生是数学教学活动的出发点，也是教学活动的落脚点。在整个数学教学活动中，学生占中心地位。

数学教学目标一方面被社会发展水平、数学的特点所制约，另一方面被学生本身的发展所制约，在双重制约的结合点上形成了不同层次的教学目标。数学教学目标形成之后，又制约着数学教学活动的全过程。可以说，数学教学活动的全过程都是为了达成数学教学目标而进行的，数学教学目标主要是在一定的教学方法下通过具体教学内容的学习而实现的。

数学教学内容受制于教学目标，当然也受制于决定目标的两个条件——社会的发展与人本身的发展。这两个条件不仅决定着数学教学的方向，同时也决定着具体的数学教学内容。也就是说，直接制约着数学教学内容的是社会的需要、科学技术的发展水平和学生身心发展的程度。数学教学内容形成之后，就成为数学教学活动中最具有实质性的东西，具有特别重要的地位。

教学方法主要受数学教学内容和学生的制约。教学方法是把教学内容内化为学生的知识、能力、思想、感情，从而达成教学目标的手段。教学方法也必然受到教学环境等客观条件的制约。方法是由教师来掌握的，教师的教学能力对于方法的实施效果来说，起着关键的作用。

教学环境主要受制于外部条件，这些条件包括物质的和精神的、可控制的和不可控制的。教师有责任和学生一起，尽量控制环境，使环境对数学教学活动产生有利的影响，减少或避免不利的影响。因此，环境在一定程度上制约着数学教学过程，同时，教师和学生也能在一定程度上制约教学环境。

从教师这一角度来看，其他五个要素都对教师产生影响，都在一定程度上制约着教师的数学教学活动，并通过教师来影响学生的学习活动。因此，教师应在整个教学过程中发挥主动性，去调整、理顺各要素之间的关系，使教学过程达到最优，从而取得最佳的教学效果。正因为教师处于这样一个关键地位，所以我们才认为教师在教学活动中起着主导作用。

二、数学教学活动的本质

传统的数学课堂教学过分强调认知性目标，数学知识与技能成为课堂教学关注的中心，数学知识的价值是本位的、首位的，智力、能力、情感、态度等其他方面的价值都是附属的，致使课堂教学丧失了素质教育的功能。而数学新课程标准的价值追求和课程目标是实现知识与技能、过程与方法以及情感、态度与价值观三个方面的整合。因此，教学课堂教学必须进行价值本位的转移，即由以知识为本位转向以发展为本位。数学教学目标要真正体现知识、能力、态度的有机整合。

（一）数学教学活动是结论与过程相统一的活动

数学教学活动是结论与过程相统一的活动，应注重让学生经历数学知识的形成与应用过程。从数学教学的角度讲，传统的重结论、轻过程的教学只是一种形式上走捷径的教学，它把形成数学结论的生动过程变成了单调刻板的条文背诵，从源头上剥离了数学知识与智力的内在联系。这种数学教学忽视了学生的思考和个性，把数学教学过程庸俗化，只让学生听讲和记忆数学概念、定理、公式、符号与法则，导致数学教学机械、沉闷和程式化，缺乏生气、乐趣和对好奇心的刺激，其结果是学生不会提出问题、不会思考、不会评判、不会应用、不会创新，学生的发展受到限制。

学生的学习应当是一个生动活泼的、主动的和富有个性的过程，学生应有足够的时间和空间经历观察、实验、猜测、计算、推理、验证等活动过程。这里的"过程"大体上包括两个方面：①发现实际问题中的数学成分，并对这些成分做符号化处理，把一个实际问题转化为数学问题；②在数学范畴之内对已经符号化的问题做进一步抽象化处理，从符号一直到尝试建立和使用不同的数学模型，构建更为完善、合理的数学概念框架。这就使学生的探索经历和得出新发现的体验成为数学学习的重要途径。

通过数学活动过程，学生可以理解一个数学问题是怎样提出来的、一个数学概念是怎样形成的、一个数学结论是怎样获得和应用的。即在一个充满探索的过程中，让已经存在于学生头脑中的那些"不正规"的数学知识和数学体验上升并发展为科学的结论，使学生从中感受数学发现的乐趣，增强学好数学的信心，形成应用意识、创新意识，使学生的理智和情感世界获得实质性的发展和提升。当然，强调探索过程，也就意味着学生要面临问题和困惑、挫折和失败，这正是学生学习、生存、生长、发展、创造所必须经历的过程，也是学生的能力、智慧发展的内在要求。

（二）数学教学活动是教师和学生之间协作与互动的活动

数学课程标准的相关要求指出，教学活动是师生积极参与、交往互动、共同发展的过程。有效的数学教学活动是学生学与教师教的统一，学生是数学学习的主体，教师是数学学习的组织者、引导者与合作者。

数学教学是教师与学生围绕着数学教学内容进行对话的过程。这种对话的内容既包括知识信息，也包括情感、态度、行为规范和价值观等各个方面，同时对话的形式也是多种多样的。教师和学生就是通过这种对话和交流来实现课堂互动的。

在数学教学过程中，教师应充分调动学生的主动性与积极性，引导学生开展观察、操作、比较、概括、猜想、推理、交流、反思等多种形式的活动，使学生通过各种数学活动，掌握基本的数学知识和技能，初步学会从数学的角度去观察事物和思考问题，产生学习数学的愿望和兴趣；应经常启发学生思考，而不只是要求学生模仿和记忆；应了解学生的真实想法，并以此作为教学的实际出发点，为学生的学习活动提供一个良好的环境。

教师在发挥组织、引导作用的同时，还应是学生学习的合作者，而非居高临下的管理者。教师的组织、引导与合作的作用，具体体现在以下三个方面的活动中。

第一，教师引导学生投入学习活动中去。教师要调动学生的学习积极性，激发学生的学习动机。当学生遇到困难时，教师应该成为一个鼓励者和启发者；当学生取得进展时，教师应充分肯定学生的成绩，树立其学习的自信心；当学习进行到一定阶段时，教师要鼓励学生进行回顾与反思。

第二，教师要了解学生的想法，有针对性地进行指导，起到"解惑"的作用。教师要鼓励学生拥有不同的观点，参与学生的讨论；要评估学生的学习情况，以便对自己的教学做出适当的调整。

第三，教师要为学生的学习创造一个良好的课堂环境，包括情感环境、思考环境和人际关系等多个方面，引导学生进行数学学习。

（三）数学教学是促进学生认知与情意协调统一发展的活动

学生的学习是以人的整体的心理活动为基础的认知活动和情意活动相统一的过程。认知因素和情意因素在学习过程中是同时发生、交互作用的，它们共同组成学生学习心理的两个不同方面。如果没有认知因素的参与，学习任务就不可能完成；同样，如果没有情意因素的参与，学习活动既不能发生，也不能维持。

数学教学是教师通过对数学知识技能、思想方法、活动经验的教学，使学生感受数学文化的丰富内涵，体会数学的应用价值，以促进学生的个性品质的发展和数学审美情趣的提高。因此，数学教学活动是促进学生认知与情意协调统一发展的活动。

第二节　初中数学教学目标

一、数学教学目标

数学教学目标是根据我国教育的性质、任务和课程目标，依据数学学科的特点和中学生的年龄特征而制定的，是国家的教育方针在数学教学领域中的体现。数学教学目标是数学教育一切活动的起点和归宿，也是确定数学教学内容和选择教学方法的依据和指南。一般来说，教育目标规定了教学应当完成的知识传授、能力培养等方面的目标和思想、个性品质等方面的教学任务，它既是指导教学的依据，也是教学评估的依据。因此，研究数学教学必须正确理解和全面把握数学教学目标。

（一）知识认知目标：奠定基础知识

1. 数学基础知识

初中数学教学活动的基础性目的，是使学生获得适应社会生活、社会生产发展和进一步学习现代化科学技术所必需的数学基础知识和基本技能。初中数学教学不仅要让学生掌握一定的数学基本原理、思想和方法，更重要的是使学生充分了解数学原理、思想、方法对客观存在的覆盖范围和应用范围。

数学基础知识，从要求上讲，应以"最低限度"为标准；从本质上讲，应是现代数学最初步、最基本的内容。它除了包括大纲规定的数与代数、图形与几何、概率与统计等内容外，还包括由这些数学知识所折射出来的数学思想和方法。最有价值的知识是关于方法的知识。数学思想和方法不仅构成了数学知识内部的方法论部分，而且由于其具有概括性、稳定性和广泛应用性的特色，已经成为哲学和科学方法论的组成部分。因此，教学中应特别注意将数学思想和方法的培养与数学知识的教学融为一体，使学生充分了解其覆盖领域和应用范围。

2. 数学基本技能

技能是指顺利完成某种任务的动作方式或心智活动方式，是个体运用已有的知识经验，通过练习而形成的智力动作或肢体动作的复杂系统，通常表现为一系列固定下来的自动化活动方式。无论是头脑中的思维操作还是外部的行为动作，都属于技能的范畴，前者是内部心智技能，后者是外部操作技能。

数学基本技能是在熟练运用数学基础知识的过程中形成的技能。中学数学教学要培养的基本技能主要表现为能算、会画、会推理。例如，按照一定的步骤和程序去推理是推理技能；按照一定的步骤和程序处理数据是处理数据的技能等。

技能只有通过操作训练的方式才能掌握，数学的练习与习题发挥的作用之一正是培养和训练技能。在开展技能训练时如何掌握一定的"度"，这需要认真仔细地研究，要讲究练习科学化，绝不是教师随心所欲、随意布置。目前学生作业量过大，重复和不必要的、无教育价值的练习占了很大比例，给学生加重了负担，并未真正起到训练技能的作用，技能形成到一定程度后，即使增加练习训练量也不会再有什么提高，教师应该清醒地认识这一点。

（二）智能发展目标：培养数学能力

数学能力是指运算能力、逻辑思维能力与空间想象能力，最终要落实到运用知识解决实际问题上。这里的实际问题包括日常生活中的问题、生产中的问题以及其他学科中的数学问题，这些问题如何抽象成数学问题需要经过认真分析、抽象和转化，这个过程既培养了学生应用数学的意识，又培养了学生应用数学解决问题的本领。

中学生的数学能力可以具体分为不同层次的四种基本能力，即思维能力、数学运算能力、空间想象能力、解决实际问题的能力。

1. 思维能力

思维能力是人们所有能力的核心，逻辑思维能力与非逻辑思维能力都是思维能力最基本的成分。

逻辑思维能力是思维能力的核心。它是按照逻辑思维的规律，运用逻辑思维的方法进行思考、推理和论证的能力。在初中数学教学中，应当培养的逻辑思维能力主要包括三个方面：一是运用分析、比较、综合、抽象、概括的方法形成概念的能力；二是运用演绎方法进行推理论证的能力；三是运用分类方法建构知识体系的能力。具备一定的逻辑思维能力，不仅有助于深刻地理解新知识，而且有助于人们正确地表达思想和解决问题，这对于新的学习无疑具有促进作用。

非逻辑思维能力主要指归纳、类比及直觉思维的能力。归纳是由个别到一般的思维形式；类比是由个别到个别的思维形式。虽然推理的结果均具有或然性，其正确与否还有待于验证，但与逻辑思维相比，归纳和类比这两种思维形式都具有很大的创新性，属于创造性思维的范畴。直觉思维不受逻辑规则的约束，是直接洞察事物本质和内在联系的一种思维形式，同样属于创造性思维的范畴，而且由于简化了思维过程，应用十分方便。

在初中数学教学中，培养学生的非逻辑思维能力主要有三个方面的内容：首先，要使学生熟悉正确的思维过程，即从特殊到一般的抽象化过程和从一般到特殊的具体化过程；既要使学生善于从认识具体的、个别的、特殊的事物的特征，逐步扩展到认识同类一般事物的内在的、本质的特征，又要使学生能以这种一般认识为指导，继续研究同类新的事物，认识其特殊的本质，从而丰富和发展这种共同的、本质的认识。其次，要重视数学思想和数学方法的教学，使学生掌握各种逻辑思维方法与非逻辑思维方法。最后，利用直觉思维和合情推理，培养学生提出假设与猜想的能力。

2．数学运算能力

运算是一个广义的概念。所谓运算能力，是根据运算法则，按照一定的步骤去推理运算并求得结果的能力；是善于分析题目的条件，寻求合理简捷的方法与途径得到运算结果的能力。这是运算能力的双重含义。从结构上看，运算能力包含四个要素，即准确程度、快慢程度、合理程度和简捷程度，这四个要素反映出运算能力的大小。

3．空间想象能力

初中数学研究的空间就是人们生活的现实空间，也就是一维、二维和三维的空间。数学中的空间想象能力是指人们对客观事物的空间形式进行观察、分析、抽象思考和构造创新的能力。想象是创造性思维能力的基础，要培养一代富有创造性和开拓性的人才，在初中数学教学中努力培养学生的空间想象能力显然是一项重要的任务。

4. 解决实际问题能力

人们通常认为，数学教学应当培养学生的数学能力，即运用数学知识分析和解决实际问题的能力。从数学能力的结构来看，除了三大基本能力之外，还包括观察能力、记忆能力以及发现和提出问题的能力等一般能力。

知识、技能与能力虽然都是巩固了的概括化的系统，但概括的对象与概括水平是不同的。一般认为，知识是对经验的概括；技能是对动作和动作方式的概括；能力则是对调节认识活动的心理过程的概括，是较高水平的概括。知识、技能与能力虽然存在着上述质的不同，但它们又是互相联系、互相转化的。一方面，知识与能力是形成技能的前提，制约着技能掌握的速度、深浅与巩固程度；另一方面，技能的形成与发展又影响着知识的掌握与能力的提高。因此，它们的关系是辩证的统一。

（三）观念形态目标：树立数学观念

数学观念是指人们对数学的本质、数学思想及数学与现实世界的联系的根本看法和认识。它是数学思维乃至整个人类现代思维的基本观察角度、出发点和归宿。正确的数学观念是高层次的科学素质。因此，一个人的数学观念支配着他从事数学活动的方式，决定着他用数学处理实际问题的能力，影响着他对数学乃至整个客观现实的看法。

学生正确的数学观念是在不同的学习阶段逐步形成的，并随着学习活动的深入和数学视野的拓展而逐步完善。同时，由于认识结构存在差异，每个人的数学观念在层次上也不尽相同。但对初中数学教学而言，要求学生通过对数学内容的感知及具体的数学活动方式的体验，逐渐了解数学的价值，增进对数学的理解和认识，习惯运用数学的思维方式观察、分析现实社会，解决一些简单的实际问题，还是切实可行的。

目前，中学生应形成的具体的数学观念虽然还没有较一致的看法，但至少应具备以下一些基本观点、意识。

（1）数学与客观世界具有密切的联系，数学以数和形的形式揭示了客观世界所具有的秩序、和谐和统一美的规律。

（2）高新技术的基础是应用科学，而应用科学的基础是数学。

（3）数学是提高思维能力的有力手段，是理性思维的基本形式。

（4）数学是一种深刻的文化素养。

（5）在数学活动中产生的数学思想方法也是探索未知世界的一种科学方法，学会了这种方法将受益终身。

总之，数学教学不仅要教知识、学知识，更重要的是在知识的基础上使学生形成数学观念。数学观念的存在不是抽象的，而是非常具体生动的，它存在于任何一种数学知识中。

（四）情感教育目标：进行品德教育

初中阶段是一个人的人生观、价值观逐渐形成的重要阶段。要把学生培养成德智体美劳全面发展的人才，思想品德教育便显得至关重要。

数学教学中的思想品德教育应结合数学本身的特点，通过具体的数学内容进行，主要有以下几个方面。

（1）在数学教学活动中，结合数学在日常生活、生产和科学技术领域中的广泛应用性及科学文化价值，激发学生学习数学的责任感和积极性。

（2）逻辑的严谨性，结论的确定性，数学语言的精确性、简约性和一义性是数学的基本特征。在教学中充分利用数学这些特征，培养学生言必有据、一丝不苟、坚持真理、修正错误、实事求是的科学态度和严谨作风。

（3）数学中蕴含着丰富的辩证关系和辩证思想，培养学生的辩证唯物主义观点成为数学教育责无旁贷的任务。

（4）充分利用数学模型的创造性、概括性，教学方法的灵活性、多样性等特点，鼓励学生一题多解、多题一解，以培养学生独立思考、积极主动、百折不挠、勇于创新的精神。

二、数学教学目标与数学教学的现代化

数学教育目标的改革是现代数学教育改革的重要内容，是数学教育

现代化的需要。为了更好地适应社会发展的趋势，新的数学教学目标应具有以下特点和要求。

（一）体现新课改的精神和理念

当前，我国正处于新一轮课程改革与发展的重要时期，要实现数学教育由"精英教育"向"大众教育"转变，由"应试教育"向"素质教育"转变。新课程改革带来了新理念，教师的角色、学生的学习方式都发生了重要变化，在教师的组织和指导下，学生主动参与、合作交流、自主探索已成为主要的教学方式。这一大的转变形成了数学教育改革的一个基本指导思想：以全面提高学生的素质为核心，改变以升学为中心、以考试为模式的数学教学体系，要让所有学生学到适应现代生产发展和现代社会生活，人人必须学到而且能够学到的最基本的数学内容，并通过有效的数学活动学习、掌握基本的数学技能和思想方法，发展自身的能力，使学生体会数学的科学价值、社会价值和文化价值，成为全面和谐发展的、适应社会主义现代化建设事业需要的公民。

同时，随着社会的发展，"人的可持续发展"和"终身学习"等教育理念进一步得到人们的认同，数学教育观面临着重大变革。实践与创新是时代赋予数学素养的鲜明特点，并将成为现代公民素质结构中的一个重要组成部分。新的课程理念要求我国处于基础教育阶段的数学教育，无论哪一个层次、哪一个范围的教学都应无一例外地明确素质教育方面应该达到的目标要求，突出体现义务教育的普及性、基础性和发展性，使数学教育面向全体学生，实现"大众数学"的目标。

（二）与国际同步

数学教育是一个开放的系统，数学教学的新趋势是数学教学实践的产物，它总是在一定的教育活动中孕育、生长的，必然体现于数学教育的国际潮流中。随着全球经济一体化进程的加快，国际综合国力的竞争日趋激烈，数学教育的国际性也越来越强。当今，世界各国都非常重视调整培养目标，关注学生整体发展目标的调整，努力培养学生成为具有适应21世纪社会、科技、经济发展所必备的全面素质的人才，而不仅仅关注学业目标。基于此，一些数学思想尤其值得我们重视，如"大众数学"重视数学交流、问题解决、数学应用等观念，都在广泛意义上影响着我国数学教育的改革与发展。此外，如数学建模、开放性问题教学、现代的数学思想方法、数学文化观、数学作为信息交流工具的价值等理论和观念，都应该结合我国的实际情况，作为数学教育目的的要素，在适当的教学层次上得到体现。

（三）具有适当的趋前性

数学教学目标的趋前性，是相对于当前的教学现状而言的。数学教育对人才的培养是具有一定年限的周期性活动，培养规格的形成仅在初中阶段就有一个长达三年的过程，加之在培养过程中，随着时代的前进和社会的发展，人们对数学教学的要求也在改变，因此教育目标的着眼点不能局限于眼前，应着眼于未来。

第三节　初中数学教学原则

一、抽象与具体相结合的教学原则

高度的抽象性是数学学科有别于其他学科的一大特点。数学的抽象性把客观对象的所有其他特性抛开不管，而只抽象出其空间形式和数量的关系进行研究。数学的抽象有着丰富的层次，它的过程是逐级抽象、逐次提高的，同时伴随着高度的概括性。数学的抽象程度越高，其概括性也越强。

数学的抽象性还表现为广泛而系统地使用了数学符号，具有字词、词义、符号三位一体的特性，这是其他学科所无法比拟的。例如，"平行"这个词，其词义是表示空间直线与直线、直线与平面、平面与平面的一种特定位置关系，用专门的符号"//"表示，并可用具体图形表示。

当然，数学的抽象性必须以具体素材为基础。任何抽象的数学概念和数学命题，甚至于抽象的数学思想和数学方法，都有具体、生动的现实原型。

数学的抽象性还有逐级抽象的特点。一个抽象的数学概念，在它形成的过程中，不仅可以将具体对象作为基础，也可以将一些相对具体的抽象概念作为基础。例如，数、式、函数、映射、关系等就是逐级抽象的。前一级抽象是后一级抽象的直观背景材料，尽管前一级本身就是抽象的。这样，所谓直观背景材料，不仅指实物、模型、教具等，还指所学过的概念、实例等。数学的这种逐级抽象性反映了数学的系统性。教师在教学过程中只要充分注意了数学的这个特点，就能有效地培养学生的抽象概括能力。数学的抽象必须以具体的素材为基础，任何抽象的数学概念、命题，甚至数学思想和方法都有具体、生动的现实原型。例如，"对应"是一个抽象的数学概念，也是一种重要的数学思想，它是以原始人的分配、狩猎或数数的具体活动为现实原型的。即使是更高层次的抽象也不例外。例如：函数是一个高度的抽象概念，它是在常量与变量这两个抽象的概念基础上抽象出来的；但当引入映射时，其又作为一种特殊的映射而进一步抽象；再进一步上升到以复数为自变量的函数时，其涉及的具体对象又进一步扩大了。这说明抽象是相对的，其以相对的具体作为基础。数学的抽象性不仅以具体性为基础，还以广泛的具体性为归宿。检验抽象数学理论是否正确的唯一标准是实践。所以，数学中的具体和抽象是相对的，二者既相互区别又互相联系，在一定的条件下又互相转化。由感性的具体到抽象，又由抽象到思维的具体，这是人们认识数学事实的基本认识过程。

在数学教学中，贯彻具体与抽象相结合的原则，应从学生的感知出发，以客观事实为基础，从具体到抽象，使学生逐步形成抽象的数学概念，上升为理论，进行判断和推理，再由抽象到具体，应用理论去指导实践。

一般来说，低年级学生的抽象能力要比高年级学生差些，主要表现：过分地依赖于具体素材；将具体与抽象割裂；不能将抽象结论应用到具体问题中去；对抽象的数学对象之间的关系不易掌握。尽管出现这种现象有多方面的原因，然而就数学教学本身而论，主要是没有处理好具体与抽象的关系。

怎样才能处理好具体与抽象的关系呢？首先，对于数学概念的阐述，教师要注意从实例引入。可以利用具体的实物进行直观演示，也可利用图像直观、语言直观等，形成直观形象。其次，对于一般性的数学规律，教师要注意从特例引入。例如，讲解勾股定理，可以先从三角形的三边分别为 3、4、5 或 5、12、13 等出发，阐明三边之间的关系，然后再证明一般规律。必须指出，直观是从具体上升到抽象的辅助工具，特殊化是认识抽象结论的辅助手段，即使是高一级的抽象也往往依赖于较低一级的具体。最后，教师要注意运用有关的理论，解释具体的现象，解决具体的问题。还应明确，从数学教学来说，具体、直观仅是手段，而培养抽象思维的能力才是根本目的。如果教师不注意培养学生的抽象思维能力，那么学生就不可能学好数学；相反，若不依赖具体、直观，则抽象思维能力也难以培养。但如果数学教学只停留在感性阶段，那么必然会影响学生思维能力的进一步发展。只有将具体与抽象相结合，才能推动学生的数学思维不断向纵深发展，使其认识不断提高和深化。

二、归纳与演绎相结合的教学原则

人们认识活动的一般过程总是由特殊到一般或由一般到特殊。归纳和演绎就是这一认识活动的两种思维方法。数学概念的讲解、定理的证明、解题的思路都离不开它们。所以，归纳和演绎相结合是数学教学的又一基本原则。

归纳是由特殊到一般或由个别到全体的思维方法，它在数学教学中具有以下作用。

第一，归纳是揭示数学规律的重要手段。例如：人们经过多次观察、比较，得出"不重合的两点可以确定一条直线""不在同一直线上的三点可以确定一个平面"；通过对各种三角形内角的度量，得出"三角形的内角和等于180°"。

第二，归纳是培养抽象概括能力的重要途径。在数学教学中，用归纳法引入数学概念、原理，有利于培养学生从个别问题中抽象概括一般结论的能力。

第三，归纳启发人们用特殊方法解决一般问题。事实上，研究特殊情况要比研究一般情况容易，而特殊情况的结论往往又是解决一般问题的桥梁。

归纳和演绎是相互联系的。贯彻归纳和演绎相结合的教学原则，首先，必须搞清二者的辩证关系。一般来说，演绎以归纳为基础，归纳为演绎做准备；归纳以演绎为指导，演绎给归纳提供理论根据。二者互相渗透，互相联系，互相补充。其次，在教学实践中，通常将二者结合使用，先由归纳获得猜想，做出假设，通过鉴别，获得结论，再给予演绎证明。最后，必须看到，应用归纳和演绎进行推证，不都是先用不完全归纳法做出假设，然后对此进行演绎证明。有时，需要对求证的问题进行分类，再对每一类情况分别地进行演绎证明。只有把各类情况都证明了，命题才被证明。分类必须完全，并且不能重复。有时，用演绎法进行推证，在获得结论时又必须分类归纳，这充分体现了归纳与演绎的相互渗透。

三、数与形相结合的教学原则

"数"与"形"是数学中两个最基本的概念。数学的内容和方法都是围绕这两个概念提炼、演变、发展而来的。在数学发展的进程中，数与形常常是结合在一起的，在内容上相互渗透，在方法上相互联系，在一定的条件下相互转化。

初中数学的主要内容是代数和几何，其中，代数是研究数和数量关系的学科，几何是研究形和空间形式的学科，解析几何则是把数与形结合起来研究的学科。实际上，在初中数学各科教学中都渗透了数和形相结合的内容。例如：实数与数轴上的点一一对应；复数与坐标平面的点一一对应；函数与图像的相互表示；二元一次方程表示坐标平面上的一条直线；二元二次方程表示二次曲线等。

在数学教学中，把数和形结合起来研究，可以把图形的性质问题转化为数量关系问题，或将数量关系问题转化为图形的性质问题，从而使复杂问题简单化、抽象问题具体化，化难为易。

四、严谨性与量力性相结合的教学原则

数学科学是严谨的，初中生认识数学科学又要受量力性原则的制约，因此，数学教学既要体现数学科学的本色，又要符合学生的实际，这就是严谨性与量力性相结合原则对数学教学的总要求。这条原则的实质就是数学教学要兼顾严谨性与量力性这两方面的要求。一方面，对数学教学的各个阶段要提出恰当而又明确的目的与任务；另一方面，循序渐进地培养学生的逻辑思维能力。

在数学教学中，主要是通过下列的各项要求来贯彻严谨性与量力性相结合的原则。

第一，教学要求应恰当、明确。教师应根据严谨性与量力性相结合原则，妥善处理好科学数学体系与作为初中教育科目的数学体系之间的关系。

第二，教学中要逻辑严谨、思路清晰、语言准确。教师在讲解数学知识时，要有意识地渗透形式逻辑方面的知识，注意培养学生的逻辑思维，帮助学生学会推理论证。数学中的每一个名词、术语、公式、法则都有精确的含义，学生能否确切地理解它们的含义是能否保证数学教学的科学性的重要标志之一，而学生理解的程度如何又常常反映在他们的语言表达上。因此，教师应该帮助学生掌握精确的数学语言。新教师在语言上要克服两种倾向：一是滥用学生还接受不了的语言和符号。例如，对七年级学生讲"每一个概念的定义中包含的判定性质是充分必要

的"并用双箭头符号表示，充分必要条件的内容是七年级学生没有学过的知识，学生对此种说法无法理解。二是把不太准确的习惯语言带到教学中。例如，在讲授分式的约分时常说"约去上面的和下面的公因式"，这些话容易引起学生的误解，以致出现错误。因此，数学教师的语言应该既简练又精确，力争达到规范化的要求。

第三，教师要注意由浅入深、由易到难、由已知到未知、由具体到抽象、由特殊到一般地讲解数学知识，要善于激发学生的求知欲。同时，教师提出的问题不宜太难，不能让学生望而生畏，这样才能取得好的教学效果。

总之，在强调严谨性时，不可忽视学生的可接受性；在强调量力性时，又不可忽视内容的科学性。只有将二者有机地结合起来，才能提高教学质量。

五、发展性教学原则

发展性是指教师在教学中要用发展的眼光看待不断发展的学习主体——学生，根据其发展状况组织教学和评价教学。

学生是学习的主体，是主动建构知识的主体，其认知与情感水平在相互促进的基础上是不断发展与进步的，并且呈螺旋上升之势。在教学过程中，教师要根据学生的认知对象——数学知识的不断变化，以及学生的认知、情感水平的不断发展调整自己的教学方法与策略，使教学方法与策略和学生水平相适应。教师要时刻注意发现、分析学生发展过程中出现问题的原因，帮助学生尽快解决相应的问题；要用发展的眼光看待学生，遵循发展性原则进行教学。

六、寓教于乐的教学原则

寓教于乐是指在初中数学教学中，教师要通过实践、模型、变式等方式以及师生间积极的交流活动，将较为枯燥的概念、定理、公理、证明等知识的学习过程转化为学生快乐、主动地探索与建构的过程，使学生实现"在乐中学"。也就是说，教师要使教学在学生乐于接受、乐于学习的状态下进行。

在情感教学中，教师不仅要注意学生学习数学过程中的接受与理解状况，还要关心学生学习数学过程中的情感状况，努力使学生在快乐的氛围中学习。这条原则包括两条教学原则：一是要让学生在快乐中学习；二是要让学生有兴趣学习。

七、个性化的教学原则

个性化指学生是个性发展不同的个体，严格地说，有多少个学生，就有多少种不同的个性。多元智能理论告诉我们，学生的心智发展是多元化的，每个学生的心智发展在各个方面是不平衡的。这就要求教师在教学过程中不能采用统一的教学模式，而应在尊重学生个性发展的基础上，促进其身心协调发展。学生是具有个性的个体，即使是同一学段的学生个体，也会在知、情方面存在差异，其结果是在数学学习的成绩上有所差异。教师应在教学中努力使具有差异的个体在原有的基础上获得最大的发展。

第一，教师在教学中，要尊重学生的个性化差异，因为个体不同，产生差异的原因不同。教师要多鼓励、帮助学生，要以人格魅力和良好的师德感召和影响学生。

第二，教师在教学上要通过多层次的设计，使每个学生均在其"最近发展区"获得成功的体验。教师要采取小步伐、多步骤的符合学生实际的教学方法，使学生在成功中得到快乐。

第三，教师在教学中应注重让有个性差异的学生进行充分的交流与沟通，使其在交流中互相补充、互相促进，共同发展，缩短差距。

八、学生参与的教学原则

学生是数学认知活动的主体，教师应当成为学生学习活动的促进者。数学学习是学生在已有知识和经验基础上的建构活动，并且这种建构是一种社会建构，它需要通过师生之间、学生之间的交流，在数学学习共同体内完成。一切高层次的认知能力都源于个体与其他人的交流，并且通过内化的过程得到发展。数学思想方法的学习是一种高层次的学习，它的教学要求学生亲身参与、交流。为贯彻学生参与的原则，教师在教学中应做到以下两点。

（一）创设学生参与的氛围

教师和学生是平等的伙伴关系，是朋友，是教学的合作者，协同完成同一任务。因此，教师应努力创设轻松愉快的课堂氛围，促进学生积极参与课堂教学活动，充分地表现自己。

（二）给每个人提供成功的机会

教师应根据学生的实际，为每个学生创造成功的机会和条件，让大多数学生都有机会获得优异成绩，以增强学生学习数学的自信心，促使他们产生可以学好也一定能学好的心理意识。

九、反复渗透的教学原则

所谓渗透性原则，是指在具体数学知识（概念、性质、法则、公式、公理、定理等）的教学中，一般不直接点明所应用的数学思想方法，而是通过精心设计的教学过程，采用"教者有心、学者无意"的方式引导学生逐步领会蕴含其中的数学思想方法。

数学思想方法教学贯彻渗透性原则是由数学思想方法本身的特点所决定的。数学思想方法具有概括性、本质性等特点，这使得它对学生的心理水平要求较高，而学生的知识经验、心理发展受到年龄特征的影响和限制，不可能将教材具体内容所蕴含的数学思想方法一下子就彻底领悟。因此，教师应采取早期渗透、逐步渗透、反复渗透的方法，将数学思想方法的因素与其相关教材内容有机地结合起来，使处于自发状态的隐性思想方法转化为自觉状态。数学教学必须通过数学知识的教学和适

当的解题活动突出数学思想方法。

（一）渗透数学思想方法是数学解题教学的需要

解题是人类最富有特征的活动之一，是学生学习数学的中心环节，是一种实践性技能，是发展数学思维能力、培养良好心理素质的重要手段。正因为如此，解题在数学教学中具有重要的地位。但是长期以来，人们对解题的概念有着不科学的理解，这导致人们认为"解题＝解题类型＋方法"。这种观念忽视了对解题目标、过程的分析，以及解题中数学思维方法的培养，导致缺乏独立开拓的创新意识。因此，教师应注重在教学过程中渗透数学思想方法，以提高学生的创新能力。

（二）渗透数学思想方法的教学有利于提高教师的教学水平

教师只有重视对思想方法的分析，才能把数学课讲活、讲懂、讲深。另外，教师只有将数学思想方法与具体数学知识的教学有机结合，才能不断提高教学质量。这就对教师的专业素养、教育理论、能力水平诸方面提出了更高的要求。

（三）渗透数学思想方法的教学有利于学生思维品质和能力的培养

引导学生领悟和掌握以数学知识为载体的数学思想方法，是使学生提高思维水平、真正懂得数学的价值、建立科学的数学观念，从而发展数学、运用数学的重要保证，也是现代教学思想与传统教学思想的根本区别之一。

十、鼓励创新的教学原则

数学课程标准的相关要求指出，在学习活动中，要引导学生自主学习，培养学生的创新精神和应用意识。因此，教师要让学生积极主动地探索，发现解决数学问题的方法，发现数学的规律。这也是现代教育价值观的一个彻底的转变。鼓励学生自主学习，培养学生的创新能力，可以采用以下创新教学策略。

（一）创设乐学情境，激发创新热情

"知之者不如乐之者，乐之者不如好之者。""兴趣是最好的老师。"古往今来无数科学家的成长道路已证明了这一点。所以教师在教学中要致力于创设使学生乐学的教学情境，同时，还应重视和尊重学生的主体地位。教师只有尊重学生，以"以人为本"的理念去建立"民主、平等、和谐"的师生关系，才能激起学生的求知欲、好奇心，才能唤起学生的主体意识、创新意识，也才能使学生的思维纵横驰骋、无拘无束、从而点燃学生的智慧火花和激起学生的创新热情。

（二）鼓励猜想、预测，培养创新意识

"学起于思，思源于疑"，教师要引导学生大胆猜想与质疑。调动直觉思维去推测是培养创新能力的前提。猜想不是空想，而是根据已有知识经验对未来的发展方向做出推测，其前提是要敢想。猜想、预测是创新的前提与动力，也是点燃学生智慧火花的手段，所以，教师一定要注重鼓励学生进行猜想与预测。教学艺术不在于传授知识，而在于激励、唤醒、鼓励。这是教师要努力做到的。猜想、预测是学生创新意识的重要表现，也是学生创新活动的前提，因而教师在教学中应大力倡导。

（三）营造思维时空，为创新创设时机

"营造思维时空"包含两个方面：一是从时间上营造。这里的时间指教师提出问题后不要急于公布答案，要给学生充分思考的时间。二是从空间上营造。教师提出的问题要有空间上的跨度，即要有纵深感，要注意学生的求异思维、创新能力的发展。教师要充分调动学生的思维，鼓励学生有所创新、有所突破，哪怕是一点点。教师所提出的问题要有利于发展学生的创新能力，这当然不是指那些难、繁、偏、旧的题目。教师要经常设计一些开放性的，有利于培养学生求异思维的，使学生能有所创新的题目。总之，教师要为学生的创新学习创设时机。

十一、情境性的教学原则

"让学生在生动具体的情境中学习数学"是新课标的一个重要理念。

新教材最大的特点和优点之一，就是许多知识的引入和问题的提出、解决都是在一定的情境中展开的。因此，情境教学是提高数学教学有效性的一种重要教学策略。为贯彻情境性教学原则，教师在教学中要注意以下两点。

（一）用好新教材中教学情境的文本资源

新教材特别注意选取生动有趣、密切联系儿童生活的素材，精心设计了单元主题图或重要课题的情境图，体现了"数学问题生活化"的理念。教师要充分发挥教学情境图的作用，一是用放大的教学挂图，或运用现代教育技术将静态的情境动态化、具体化；二是要给学生提供观察与思考的时间，让学生看懂图意，获取和选择信息，以利于新知识的引入或发现问题。这有别于语文的"看图说话"，这里要突出数学的特点，要引导学生学会用数学的目光去观察与思考，从数学的角度去发现、提出问题。

（二）教师应是教学情境的直接创设者

教师应根据教学的需要和学生的实际，从学生身边的事物和现象中选取素材，创设新的教学情境，如现实生活情境或模拟现实生活的情境、操作情境、趋近学生思维最近发展区的问题情境、探究情境等。这不仅能使学生感到生活中处处有数学，还能激发学生认知的需要、学习的兴趣和探索的动机。

第四节　初中数学教学方法

教学方法是指为了达到教学目的、完成教学任务，在一定的教学理念和教学原则指导下，根据特定的教学内容，师生共同实施的一种有序的活动方式。它既包括了教师教的方法，又包括了学生在教师指导下的学习方法；它既注意了学生的主体地位与师生的相互作用，又体现出对教学工具和手段的综合运用，是师生在教与学双边活动过程中为有效完成一定的教学目的和任务所采用的方式和手段的总称。

　　初中数学教学方法是一种具体学科的教学方法，它是从属于一般教学方法的一个下位概念，既具有一般教学方法的共同属性，又具有初中数学学科教学的个性特点。它是在数学教学过程中，师生为了达到教学目标、完成教学任务，根据初中数学教学规律和原则，以特定的数学教学内容为中介，共同实施的一种融步骤、手段和技术于一体的相对系统的教与学的活动方式。

　　课堂教学过程是在教师、学生和教学内容三大基本要素的交互作用下产生的。为了实现教学目标，这三大要素的交互作用需要科学的教学方法和手段来引导、调节和安排。初中数学教学方法可以根据不同的标准分为不同的类型：根据课堂教学的主体，可分为学生自主型教学方法、共同解决型教学方法和教师主导型教学方法；根据教授知识的形态，可分为讲解法、谈话法、演示法、讨论法、操作实验法、练习法、复习法，人们称这些方法为基本教学方法。

　　事实上，各种教学方法都有它自身的长处和局限性，也有一定的运用条件和适用范围。没有也不可能有某一种或某几种教学方法普遍适用于一切教学场合。这就体现了初中数学教学方法的相对性。在教学时，教师很少用一种教学方法来完成教学任务，更多的是一法为主，多法并用，相互补充，综合运用。因此，教学方法是一个变化的和综合的概念。

一、常见的初中数学教学方法

　　从学生获得知识的独立程度看，基本教学方法可以分为以下三类。

　　第一类，教师要进行较多的组织，学生活动较少，如讲解法、演示法、复习法。

　　第二类，教师进行必要的组织，学生活动较多，如谈话法、讨论法、练习法。

　　第三类，以学生的独立活动为主，如阅读法、实验法、实习法。

经过长期的教学实践和探索，有许多具体的且行之有效的教学方法被提炼和总结了出来，构成了初中数学教学中基本的、常见的教学方法。

（一）讲解法

讲解法就是指通过教师的口述和示范，向学生描绘情境、叙述事实、解释概念、论证原理或阐明规律的一种教学方法。这种教学方法的特点是教师能系统地、清晰地将知识教授给学生，并使学生在学好知识的同时，逐渐养成分析推理等能力。

在这种教学方法的运用过程中，有三点必须引起注意：第一，教师的讲解不等于简单的教师讲、学生被动地听；第二，教师要善于"设疑"，这样才能充分地引发学生思考；第三，教师的讲解不能仅仅从概念出发，应最大限度地从学生的经验出发去创设有效的情境，以帮助学生探索和思考。

（二）谈话法

谈话法是教师根据学生已有认知结构设疑、启发、提问学生，并通过对话方式探讨新知识、得出新结论，从而使学生获得知识的一种教学方法。它的形式是师生对话，核心是启发学生思维，培养学生思维的积极性、主动性和灵活性。

1. 作用与特点

在初中数学教学中，教师在进行数学基础知识教学时，常使用谈话法。谈话法的运用可以激发学生思维，在复习巩固旧知识、实验操作、练习活动时可采用这种方法。

谈话法的特点是：①师生双向交流性强，反馈及时。教师的教学意图可以通过提问或反应传递给学生，学生在回答时又及时反映了他们认知结构的变化状况，便于教师采取进一步措施。②操作灵活，可变性强。教师根据学生的认知发展水平的不同可及时改变提问方向和深度，调整信息流量，便于引导学生抽象概括，得出所教概念或法则的结论。③容易建立新、旧知识的联系。通过师生谈话，学生可较快地找到新知识与原有认知结构的联系点，对所学的东西，结合自己的经验、观念进行分析、比较、抽象、概括等一系列思维过程，融会贯通，纳入自己的认知结构之中。④教学过程始终处在一种愉悦的氛围之中。教师通俗易懂的语言、精心设置的提问、逻辑严密的叙述，能使学生处于一种奋勉状态，保持较浓厚的学习兴趣。⑤通过师生问答，可以锻炼学生数学语言的表达能力和逻辑思维能力，为其进一步学习打下基础。

2. 谈话法的准备

运用谈话法进行教学，教师首先要真正树立学生主体观，这是因为教师的教只有通过学生的学才能发挥作用。学生知识的增长、智能的发展、思想品德的形成，主要取决于学生学习的主动性和积极性的发挥。运用谈话法，教师需要做如下准备工作。

(1) 通过课前工作了解学生的认知发展水平

只有掌握学生原有的认知结构基础，才能进行有针对性的谈话。教师应在课前通过批改学生作业等方式了解学生现有的认知水平和经验，以确定应提供哪些准备知识。比如：学习通分，学生必须掌握分数的性质；学习体积，学生必须掌握面积知识；学习百分数，学生必须掌握分数的知识。

(2) 寻找新、旧知识的联系点，确定突破口

在备课时，教师应切实了解新知识是建立在什么旧知识基础上的，新旧知识的联系点是什么。比如，学生掌握了同分母、同分子分数比较大小，而对于分子、分母全不相同的分数就束手无策。分数的基本性质就是新旧知识的联系点。教师可以引导学生利用分数基本性质将分子、分母全不相同的分数转化为同分母或同分子的分数，然后比较大小。

(3) 精心设问

设问是运用谈话法的关键，因为所有的教学过程和结果都是由分析、解决问题而发生、展开和达到目的的。

第一，问题要明确，有针对性。教师所提问题要具体准确、难度适宜，使学生能确切掌握教师的要求。笼统、模棱两可、含糊不清的提问

往往使学生无从答起、答非所问。因此，教师应尽量避免提问简单化或提暗示性的问题。

第二，要在知识的关键处设问。为达到教学目的，教材的重点、难点都是提问的关键，这样的问题能引导学生深入理解知识的本质。

第三，问题要具有启发性。问题应能够提高学生思维的积极性，使他们产生一种强烈的解答问题的欲望。

第四，问题要有系统性。教师要根据教学目标和教学内容顺序精心编排问题，组成问题系列，引导学生去发现和寻找知识之间的内在联系，从而将所学知识与方法系统化、模式化。

3. 谈话法的运用过程

谈话法的运用过程由三个环节组成：教师提问、倾听学生回答、教师做出反应，这样就完成了一个问题单元，然后再依次进入下一个问题单元。

（1）教师提问

教师利用事先设计编排好的问题激发学生思维。教师在提问过程中要注意三点：第一，要面向全体学生，要让所有的学生都有发言的机会；第二，教师提问要有层次性，要根据学生认知发展水平，在一般性提问之后，提出一至两个高级认知层次的问题来引导学生进行更深入的分析，不应总在同一认知层次上重复；第三，提问形式要多样化，教师可以从正面、反面、侧面多种角度设疑。

（2）倾听学生回答

学生的回答是启发式谈话的一个重要组成部分，是教师决定下一步教学导向的依据，教师必须认真倾听。

第一，教师提问之后不要立即让学生回答，而应给他们一点思考的时间，这样可使头脑反应快的学生的回答更为成熟，也可使那些思考速度较慢的学生得到发言的机会。

第二，教师要有耐心，让学生把话说完。尤其是当学生的答案与教师自己的预想不一致时要格外注意，思考是学生想错了还是自己未考虑周全；即使是学生想错了，也要让他讲完，千万不要半路打断，否则会打击学生发言的积极性。

第三，教师在倾听的同时要进行分析判断：这个学生的回答是不是大多数学生的想法？出现错误的根源在什么地方？一种别出心裁的想法是否合理？有多少合理程度？

第四，教师要尊重学生，在学生回答时不可心不在焉，要采用适当的表情，鼓励学生大胆说下去，让学生感到教师十分重视他的发言。

第五，在一名学生回答结束后，教师不要急于表态，要延迟几秒钟做出反应，一是让发言者有时间回顾所说并做出必要的补充，二是让其他学生有时间做出自己的分析判断。这短短的几秒钟有时会引出学生更加成熟的想法。

（3）教师做出反应

根据系统论原理，教师的反应是对学生反馈的一种调控，是保持系统正常运行的必要手段。教师只有对学生的回答做出必要的反应和评价，才算完成了一个问题单元的教学。在此要注意：一是反应要及时，尤其对错误的观点要及时纠正，不可让错误"先入为主"；二是评价要科学，不能信口开河、随心所欲。这要求教师事先做好充分估计与准备，即使学生回答出乎意料，也要充分考虑之后给予评价。

（三）演示法

演示法是教师通过向学生展示（如展示实物或模型等）或演示（如演示对象的发生或对象的运动规律等），让学生去观察，从而使学生发现对象的本质特征的一种教学方法。展示或演示仅仅是手段，学生通过自己的观察、思考、辨析、讨论，概括出对象的本质特征才是目的。

在这种教学方法的运用过程中，有三点是必须引起注意的：第一，教师的展示或演示要有典型性，使对象的特征能明显地显现出来；第二，教师在展示或演示之前，要给学生明确具体的观察和思考任务，让学生带着问题去观察；第三，在展示或演示的过程中，往往会伴随着对话，而这种对话不是简单的"是"与"不是"，要具有一定的思考性。

（四）实验法

实验法是通过学生的尝试操作来概括出对象典型本质特征的一种教学方法。就课堂学习而言，它主要包括验证性实验和探索性实验。验证性实验的主要特点是在学生已有的一定经验或已经初步构建对象认识的基础上，通过验证性操作，让学生进一步体验知识的内涵，从而真正抓住对象的本质特征；探索性实验的主要特点是让学生对问题情境进行探索性操作，通过多次观察、实验和思考，发现并概括出对象的本质特征。在课堂教学中，究竟采用哪一种实验，主要取决于内容特征和学生特征这两个要素。

在这种教学方法的运用过程中，有两点是必须引起注意的：第一，无论是验证性实验还是探索性实验，都是学生自己的主体性行为，因此，对于学生操作的方法、过程和手段，要留有一定的开放性，以适应不同学生能力水平；第二，无论是验证性实验还是探索性实验，都必须引导学生将对观察和思考的注意转向操作的过程，而不要一味地指向结论。

（五）练习法

所谓练习法，就是指学生在教师的引导下，通过独立或小组作业，进一步理解并掌握知识，从而形成基本技能的一种教学方法。学生对某一个数学知识，从认识到掌握，通常不能仅靠对一个"例题"的"剖析"而形成清晰和稳定的认知结构，还需要靠一定量的训练来加深理解、巩固知识，形成一定的技能，使已有的知识系统化。

在这种教学方法运用过程中，以下两点是必须引起注意的。

第一，科学练习不等于机械地重复，即不能将练习法简单地理解为大量的、机械式的"题海战"，而是要讲究训练的科学性。所谓科学性练习，至少应包含着以下几个特征。

一是练习要有针对性。即练习要针对知识的重点和难点而有不同的设计；练习要针对学习中显露出来的、具有共同性的问题而有不同的设计；练习要针对不同程度的学生而有不同的设计。

二是练习要有层次性。即练习的设计要有梯度，如从模仿性学习开始，到变式练习与对比练习，再到综合练习，然后发展到跟进练习和开放练习等，引导学生由浅入深、循序渐进地加深理解，形成技能，发展数学思维。

三是练习要有多样性。即练习不仅可以是笔纸作业，也可以是口头作业；可以是解答性作业，也可以是设计性作业、解释性作业、制作性作业等；可以是独立作业，也可以是小组作业；可以是课堂内的活动，也可以是课堂外的活动。

第二，科学的练习应具有明确的练习目标。首先，教师和学生都要在练习之前明确练习的目的，知道需要做什么、希望达到什么样的目的。其次，要依据期望达到的不同目标，设计不同的练习内容和练习形式。例如：当目标主要追求的是个体对既定知识与技能的形成与掌握时，可以较多地采用口答、判断、选择、计算以及应用题等形式；当目标主要追求的是个体在完成任务的过程中的多种表现时，可以较多地采用设计、解释、游戏、调查、竞赛等形式。最后，在学习的不同阶段有不同的练习目标，因而也要有不同的练习设计。例如：在学习的开始阶段，往往较多的是准备练习，其主要目的是唤起原有的经验和知识，形成认知冲突或揭示新、旧知识间的联系；在知识的习得阶段，往往较多的是巩固练习，其主要目的是加深对知识的理解，掌握并能正确运用知识；在学习后期阶段，往往较多的是综合练习，其主要目的是使原有的知识与新学的知识系统化和结构化，并能形成相应的解决数学问题的能力。

二、初中数学新教学方法介绍

（一）发现法

1. 发现法的基本含义及特点

发现法是指教师不直接把现成的知识传授给学生，而是引导学生根据教师和教科书提供的课题与材料，积极主动地思考，独立地发现相应的问题和法则的一种教学方法。

发现法与其他教学方法相比较，有以下几个特点。

第一，发现法强调学生是发现者，应让学生自己去独立发现与认识，自己找出问题的答案，而不是教师把现成的结论提供给学生，使学生成为被动的知识接受者。

第二，发现法强调学生内在学习动机的作用。学生最好的学习动机莫过于他们对所学课程具有内在的兴趣。学生具有好玩、好动、好问和喜欢追根求源的心理特点，遇到新奇、复杂的问题，他们就会专心积极地去探索。教师在教学中可以充分利用这一特点，利用新奇、疑难和矛盾等引发学生的思维冲突，促使他们产生强烈的求知欲望，主动地去探究和解决问题，改变了以往传统教学法仅利用外来刺激促使学生学习的做法。

第三，发现法是让学生运用已有的知识和教师提供的各种学习材料、直观教具等，自己去观察、分析、综合、判断、推理等，亲自去发现事物的本质规律，所以在这个过程中教师的主导作用是潜在的、间接的。

2. 发现法的主要优点及其局限性

发现法主要有以下优点。

第一，可以使学生学习的外部动机转化为内部动机，增强学生学习的信心。

第二，有助于培养学生解决问题的能力。由于发现法经常练习怎样解决问题，所以能使学生学会探究的方法，培养学生发现问题、提出问题和解决问题的能力，以及创造发明的态度。

第三，有利于学生对知识的记忆和巩固。在发现学习的过程中，学生可以对已有的知识结构进行内部改组，这种改组可以使已有的知识结构与要学习的新知识紧密联系起来，这种系统化和结构化的知识，更加有助于学生的理解、巩固和应用。

发现法也有一定的局限性，具体体现在以下几个方面。

第一，就教学效率而言，使用发现法需要花费的时间比较多。学生获得知识的过程是一个再发现的过程，一切真理都要由学生自己去获得或者重新发现，而不是由教师简单地告诉学生，因此，教学过程必然要经历一个较长时间的摸索过程。

第二，就教材的内容而言，发现法有一定的适用范围。发现法是研究具有严格逻辑的数、理、化等学科的教学方法，以感情为基础的人文学科是不适用的。就适用的学科而言，也只适用于概念和前后有联系的概括性知识的教学，如求平均数、运算定律等，而概念的名称、符号、表示法等，仍需要由教师来讲解。

第三，就教学的对象而言，它更适用于中、高年级的学生。因为发现学习必须以一定的基础知识和经验为发现的前提条件，因此，年级越高的学生，独立探索的能力就越强。所以，并非所有的教材内容和教学对象都有必要采用发现法教学。

（二）尝试教学法

尝试教学法是初中数学教学方法中一种影响比较大的教学方法，是一种具有中国特色的教学方法。从开始的实验，到逐步在一些地区和全国进行推广，现在尝试教学法已经在比较大的范围内应用，并取得了很好的教学效果。

1. 尝试教学法的基本内容

尝试教学法的基本思路：在教学过程中，不是先由教师讲，而是让学生在旧知识的基础上先进行尝试练习，教师在学生尝试的过程中指导学生自学课本，引导学生讨论，在学生尝试练习的基础上，进行有针对性的讲解。

尝试教学法与普通的教学方法的根本区别就在于，尝试教学法改变了教学过程中"先讲后练"的方式，以"先练后讲"的方式作为教学的主要形式。

2. 尝试教学法的教学程序和课堂教学结构

尝试教学法基本的教学程序可分为以下五个步骤。

第一，出示尝试题。尝试题一般是与课本上的例题相仿的题目，是课本上问题的变形。

第二，自学课本。在学生进行尝试练习并对这些问题产生了一定的兴趣之后，教师引导学生看一看书上是怎样讲这类题目的。教师提出一些与解题思路有关的问题，学生通过自学课本，可以知道自己对这个问题认识的情况，教师也可以了解学生在学习中遇到的困难是什么。

第三，尝试练习。学生通过自学课本，对所学的内容基本上了解，并且大部分学生对解答尝试题有了办法，这时，教师可以再出尝试题让学生试一试。

第四，学生讨论。在尝试练习时，可能有的同学做得不对，也可能出现不同的做法。教师可以让学生结合自己的解题方法进行讨论。

第五，教师讲解。学生会做题，并不等于掌握了知识，或者掌握了全部知识。这时教师可按照一定逻辑向学生讲解所学的内容。这种讲解是有针对性的，是在学生对所学的内容有了初步认识的基础上，在学生已经通过某种方式学会了或部分学会了解题方法后进行的讲解，更能够突出重点。

以上这五个步骤是总体上的教学进程，在具体实施的过程中，可能有一些变化和调整。有时可能需要增加一步或减少一步，也可能将一些步骤互换，但总的路线是"先练后讲"。

3. 尝试教学法的优越性和局限性

尝试教学法的优越性表现在：①有利于培养学生的探索精神和自学能力；②有利于提高课堂教学效率；③有利于大幅度提高教学质量。这种教学方法具有很强的操作性，一般的教师都可以掌握，并且更有利于学困生的学习。因此，尝试教学法适用于更广泛的场合，能显著提高教学质量。

尝试教学法的局限性表现在：①需要学生具备一定的数学基础和自学能力，年龄较小的学生不适合用这种教学方法；②适合于后继课的教学，新的概念、原理的教学不宜使用；③不适用于操作性较强的内容。

（三）自学辅导法

1．自学辅导法的基本含义

自学辅导法是一种在教师的指导和辅导下，以学生自学为主的教学方法。在初中数学教学中运用的自学辅导法，一般是指在教师的指导下，学生通过阅读课本，获得知识与技能的教学方法。

2．自学辅导法的教学程序

教师运用自学辅导法进行教学，在教学中要以学生的自学为主，一节课中用于学生自学的时间在 30～35 分钟，这包括自学、自练、自检，教师讲解的时间一般不超过 15 分钟。

（1）提出课题

教师可以直接导入新课，也可以在复习有关知识后提出课题，后一种方法更加适合学生学习的特点。对高年级学生提出课题的同时，还应提供自学提纲，使学生带着问题自学，围绕课题的中心问题边读边想，求得问题的解决方法。

（2）学生自学

这一步主要是让学生独立阅读课本，与此同时，教师要进行必要的指导。教师要从实际出发，根据不同年级、不同认知水平和教材难易程度选用相应的方式指导学生自学，教师的指导要提纲挈领、简明扼要。

（3）答疑解难

针对学生在自学中出现的问题，教师有针对性地进行解答，也可以启发学生进行讨论，互相解答。为进一步提高学生自学能力，教师在答疑之后，还可以让学生阅读课本以巩固所学的内容。

（4）整理和小结

由教师出题对学生的学习效果进行检查，教师如果发现学生有理解方面的问题要及时补救，还要对所学的内容进行归纳小结。小结时，教师应尽量让学生运用准确的数学语言进行概括，得出结论，逐步培养学生运用数学语言进行表达的能力。

（5）巩固和应用

教师应根据教学内容布置课堂独立作业，目的是使学生进一步理解和巩固知识，初步形成技能。

3. 对自学辅导法的评价

自学辅导法的主要优点在于能充分调动学生学习的主动性，使学生有更多的机会独立思考，有利于学生自学能力的培养。这种教法能使学生在课堂上基本解决问题，大大减轻了课业负担。由于学生在课堂上能够及时改正作业中的错误，教师可以从批改作业中解放出来，将更多的时间用来备课和研究学生，这有利于提高教学质量。此外，学生通过在课外查阅其他参考书，扩大了知识面，有利于自身的全面发展。

自学辅导法不单单是一种教学方法，还是教学思想、教学内容、教学方法的综合。特别是它是基于教材内容的选择与编排的一种教学方法，因此，可以将其看作一种综合的自学辅导法教学方法。

（四）"探究—研讨"法

1. "探究—研讨"法的基本内容

"探究—研讨"法的基本思路是把教学分为两个大的环节，即"探究"和"研讨"。

第一个环节"探究"是指在教师的指导下，学生自己去探索。教师为学生提供一定的问题情境和必要的操作材料，让学生自己通过操作，研究问题中各种因素的关系。教师在教学活动过程中可以给予学生适当的指导。

第二个环节"研讨"是学生充分发表自己观点的环节。学生在前一个阶段，对所研究的问题都有一定的认识。在这个阶段，教师组织学生对自己看到的、想到的发表自己的看法。教师要充分利用语言的交流，使学生了解更多的信息，并且在研讨的过程中使学生对所研究的问题有更全面和深刻的认识，最后由师生共同找出所学习问题的规律或结论。

在具体的教学过程中，教师在运用"探究—研讨"法进行教学时，可以不受这两个环节的限制，灵活地组织和运用。

2. "探究—研讨"法的主要特点

"探究—研讨"法的特点包括：①能充分发挥学生的主动性和创造性；②教师的主导作用体现在选择恰当的材料和设计有利于学生探究的

问题情境中；③有利于形成一种多向交流的课堂教学气氛。

三、初中数学教学方法的选择与优化

（一）教学方法的选择

1. 根据教学目标选择教学方法

每门学科都有一定的教学任务，但教学任务都是对教学内容的高度概括，比较笼统，对选择教学方法仅具有方向意义而无直接决定意义。对教学方法的选择直接起作用的应是教学目标，包括学期的、单元的、课时的教学目标。教学目标将学科教学的一般性任务具体化了，便于操作和检测。例如，在一节课内，教师不可能发展学生知识、技能和非智力因素的各个方面，但可以发展其中的某一方面。每一方面的目标，都需要有与该项目标相适应的教学方法。教学目标是靠教师精心设计的，教师在选择教学方法时应充分考虑选择适合达到这类目标的教学方法。

2. 根据学生的特征选择教学方法

教学方法的选择要注意学生接受的可能性。不论采取什么方法，教学的最后归宿是使学生学会、会学。学生的特征主要包括两个方面：认知水平和知识基础。

不同年龄的学生，其学习心理是不同的。对小学生所采用的教学方法自然与对中学生所采用的教学方法有所不同；同样是中学生，对初中低年级学生和对初中高年级学生所采用的教学方法也应有所不同。低年级学生可以多用演示法、操作实验法并辅之以引导发现法；中年级则多用谈话法；高年级适当采用讲解法和自学辅导法。这主要取决于学生年龄差异所造成的心理发展水平的差异。

学生的认知结构，即学生已掌握的知识及其构成方式，对新知识学习具有一定的迁移作用。因此，依据学生原有的知识基础或认知结构选择教学方法也是十分重要的。优秀的初中数学教师，即使教同一年级，对不同的班级所采用的教学方法也是不同的，就是这个道理。如果教师要讲的是学生从未接触过的新知识，那么采用谈话法是不行的；但如果学生认知结构中含有与新知识相关联的内容，教师就可以采用启发式的谈话法。

3. 根据不同的教学内容选择教学方法

在教学方法与教学过程其他成分的依存关系中，教学内容起着基本的、决定性的作用，因为方法是内容的运动形式。因此，教学内容也是教学方法选择的一个基本依据。

初中阶段的几何属于直观几何，在教学中，教师要充分利用实物、教具和学具引导学生进行拼摆、折叠、绘画、测量等实际操作，从而使学生掌握图形的特征和求积公式，形成初步的空间观念。因此，演示法、操作实验法是教授几何初步知识的基本方法。应用题教学的重点在于引导学生在全面分析数量关系的基础上，掌握解题思路，一般适用谈话法或辅以讲解法。此外，当新旧内容联系十分紧密时，教师往往可以采用谈话法、引导发现法，在关键处点拨，即能奏效；当教学某个崭新的起始概念时，可以采用操作实验法。

4. 依据教师的特点选择教学方法

教学方法的选择是受教师的教学经验和个性特点影响的。一般而言，教师常常使用那些自己掌握得比较好的教学方法。性格活泼的教师，可以采取游戏的教学方法；擅长使用教具的教师，可以多采用形象化的教学方法；等等。从一定意义上说，教学方法只是一种工具，教师在实践中总是以自己独有的特性影响教学方法的选择，教师本身的特性允许他可以着重运用某些方法。

除了以上四个方面外，教学方法的选择还要考虑学校的物资设备条件。如果学校配有电化教学设备，在教学有关内容时，教师就应充分利用这些教学设备。同时，教学方法的选择还要考虑到教学大纲规定的教学进度和教学时间。

教学方法的选择要综合考虑以上这些因素，忽略任何一方，都会影响教学的效果。方法的选择要讲求实效，只依赖于一两种方法进行教学，无疑是有缺陷的。教师要注意多种方法的有机结合，逐步做到教学时间用得最少，教学效果最好，达到教学方法的整体优化。

（二）教学方法的优化

教学方法的优化是教师在遵循教学规律和教学原则的基础上，对教学过程的一种目标明确的安排，是教师有意识的、有科学根据的选择，而不是自发的、偶然的选择，是最好的、最适合该具体条件的课程教学和整个教学过程的安排方案。

要实现教学方法的优化，教师要做到以下几点。

第一，熟悉各种教学方法，能有效地运用其中每一种方法，掌握每种教学方法的优缺点与适用范围。比如：语言讲解法能在最短时间内传递大量的信息，有利于学生抽象思维的发展，但不利于学生直观形象思维的发展，不能充分锻炼学生的技能和技巧；直观模型法能提高教学效果，有利于信息的直观形象传递，但会抑制学生语言表达能力的发展；探究法有利于发展学生创造性地学习认识活动的技巧，有助于学生更好地掌握知识，但费时太多，不利于学生逻辑语言和抽象思维能力的发展。教师对各种教学方法越了解，所选择的一整套方法的效果就越好，作用也越大。

第二，在选择教学方法之前，先按教学目的和教学任务将教学内容具体化，找出重点、难点，并将教材划分为逻辑上完整的几个部分，然后选择每个教学阶段最适用的方法，并把它们恰当地结合起来，形成该节课的最优教学方法。

第三，教学方法的优化应考虑教学效率的高低。教学效率的高低取决于为实现一定的教学目标，师生所消耗时间、精力的多少。如果教学因素的结合（对某一具体教学内容和具体的师生而言）能保证教学效率最高和目标最优，这种结合即为最优的结合，这种教学方法就是最好的教学方法。

第五节　初中数学教学手段

近年来，教学手段的改革与发展已经与课程目标、教学内容以及教学方法等的改革与发展一样得到了人们的重视，其主要的原因就是，今天的学习已经更多地从以知识为中心、以课本为中心转向以多种媒体学习为中心了。

一、初中数学教学手段的重要性

教学手段是教师和学生进行教和学的过程中用于传递信息的媒体、工具或设备，是一些实实在在的物质，如黑板、教科书、模型、标本、幻灯、电视等。初中数学教学手段就是在初中数学教学过程中，教师和学生用以相互传递信息的媒介。

（一）教学手段是学生认识活动中必不可少的媒体

学生认识数学是一个从具体到抽象的过程，他们需要借助各种直观的材料，形成必要的感性认识，然后才能逐步抽象、概括出数学的概念、原理和方法，在这个过程中，直观的教学手段起着重要的作用。例如，学习平移、相交等概念时，为使学生准确地理解其意义，教师必须通过摆实物、看图片、画图等手段，使学生建立起感性的认识，再抽象出平移、相交的意义。

（二）教学手段是教师教学活动不可缺少的工具

在初中数学教学中，教师组织课堂教学、设计教学方法都需要考虑教学手段这一因素；深刻地揭示教学内容，有效地启发学生思考，培养学生学习数学的兴趣，都需要恰当地选择和运用教学手段。教师只有熟悉、掌握各种教学手段的结构及其功能，在教学中恰当地运用，才能在教学中更好地发挥组织者的主导作用。

（三）教学手段的改革与更新是初中数学教学改革的重要内容

初中数学教学改革涉及教学目的、教学内容、教学方法等多方面的内容。强调学生参与课堂的积极性，教师从课堂主导者转变为课堂组织者，提高学生的学习主动性和实践能力。同时，充分利用网络环境提高教学质量，如将教师讲义及相关学习资料放在网上供学生下载学习，并通过各种形式与学生进行沟通、答疑。任何改革措施旨在提高教学质量，促进学生全面发展，适应科技进步和社会发展的需求。

二、选择初中数学教学手段的依据

（一）根据初中数学教学目标

初中数学教学具有使学生掌握基础知识、形成数学技能、培养学生能力等多方面的目标。依据不同的教学目标，可选择不同的教学手段。例如：以学习概念、法则等基础知识为目的，可选择直观形象、具有操作性的手段，以使学生形成鲜明的感性认识；以形成运算技能为目的，可选择投影仪、数学扑克等手段，增大训练密度，节省时间，提高效率。

（二）根据教学内容

不同的教学内容有不同的特点和表现形式，因此，教师在选择教学手段时，应结合具体的内容确定恰当的手段。例如：学习几何知识时，选择相应的几何图形和测量工具；学习应用题时，可根据应用题的实际意义，选择实物、图片或模型，通过演示帮助学生理解题意。

（三）根据学生的实际情况

不同年级、不同发展水平和具有不同知识水平条件的学生，其接受能力及对直观材料的依赖程度也不同，因此，教师在选择教学手段时，要考虑学生的实际情况。此外，教师在教授一个新的概念和教授学生已有一些知识准备的后继知识时，所选择的教学手段也不同。

（四）根据客观条件

学校具备的物质条件和教学设备情况，也制约着教师对教学手段的选择。

三、有效运用初中数学教学手段的条件

（一）教学手段应与教科书内容协调一致

手段是为内容和方法服务的。任何先进的设备与手段都应与所学习

的内容相一致，否则，就会失去作用。在运用教学手段时，教师一定要与具体内容有机结合，不能一味地追求形式和表面的新颖。

（二）教师要不断提高业务水平和教学能力

有效运用教学手段，关键靠教师，特别是电化教学手段的运用，更需要教师具有一定的专业知识。教师要熟练掌握各种教具、学具的结构、功能、使用范围与方法，这是恰当地使用电教手段的保证。

（三）充分了解学生的准备状态和心理水平

教学效果最终要落实在学生身上。为有效地运用教学手段，教师首先应充分了解学生的准备状态，包括学生知识和能力两个方面的准备。在学生现有的准备状态下，恰当地使用教学手段，才能充分发挥其功能，否则就会事倍功半。

教学手段的现代化使教学方法具有了多媒体的特征。现代化教学手段与一般教学手段的合理配置、优化组合显得尤为重要，它决定了能否发挥现代化教学手段的优势，收到应有的教学效果。教师作为教学过程中的主导因素，对教学手段的优化组合起着决定性的作用。没有教师，再先进的技术手段也难以发挥其教育的功能。

教学方法的改革是教学改革的一个重要方面，面对科学技术的挑战，初中数学教学内容需要扩充和更新，这就需要有更为科学有效的新教学方法。如果教学手段不更新，教师很难在教法上有大的突破。

第二章

初中数学教学的理论支撑

第一节 建构主义理论

一、建构主义的由来和发展

建构主义的最早提出者可追溯至瑞士的皮亚杰，他是认知发展领域最有影响的心理学家之一，他所创立的关于儿童认知发展的学派被人们称为日内瓦学派。他认为儿童是在与周围环境相互作用的过程中逐步建构起关于外部世界的知识，从而使自身认知结构得到发展的。

皮亚杰指出，儿童与环境的相互作用涉及两个基本过程："同化"与"顺应"。同化是把外部环境中的有关信息吸收进来并纳入儿童已有的认知结构的过程；顺应是指外部环境发生变化，而原有认知结构无法同化新环境提供的信息时所引起的儿童认知结构发生重组与改造的过程，也就是个体的认知结构受外部刺激的影响而发生改变的过程。同化是认知结构数量的扩充，而顺应则是认知结构性质的改变。个体通过同化与顺应两种形式来达到与周围环境的平衡：当儿童能用现有的图式去同化新信息时，他就处于一种平衡的认知状态；而当现有图式不能同化新信息时，平衡即被破坏，而修改或创造新图式（顺应）的过程就是寻找新平衡的过程。

儿童的认知结构就是通过同化与顺应过程逐步建构起来，并在"平衡—不平衡—新的平衡"的循环中得到不断的丰富、提高和发展。这就

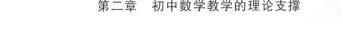

是皮亚杰关于建构主义的基本观点。

二、建构主义的基本观点

建构主义理论所蕴含的教与学思想主要反映在知识观、学习观、教学观、师生观上。

（一）建构主义的知识观

"知识的本质和知识是如何获取的"是人类社会在数千年的发展过程中一直都在探究的一个悬而未决的难题。对此，作为一种认识论的建构主义必然要对知识问题做出明确的回答。知识观是建构主义思想中的一个核心问题。传统知识论，即客观主义知识论认为，知识是客观世界的本质反映，是对客观事物的准确表征，知识是现存的，是独立于认识者之外的。知识只有在正确地反映外部世界的情况下才被认为是正确，客观知识就是真理。在这种认识论思想中，科学概念是与各种事物相对应的科学命题、原理、定理等是经过科学验证了的对事物的唯一正确且真实的解释。科学知识是有逻辑的、系统的、相当精确的，并且必须是用一套客观的方法加以验证的，而且只有这类知识是科学知识。对于一个人来说，只要掌握了这种知识，便掌握了这个世界的运转法则，便具有了支配世界的力量。知识是学习的重要内容，也是学习的主要结果。传统的客观主义知识观一直延续至今，并在指导和左右着学校的教育教学实践。

建构主义对什么是知识、怎样看待知识等这些古老的问题做出了令人耳目一新的解释和回答，主要体现在以下几个方面。

（1）知识不是对现实的纯粹客观的反映，任何一种传载知识的符号系统也不是绝对真实的表征。它只不过是人们对客观世界的一种解释、假设或假说，它不是问题的最终答案，它必将随着人们认识程度的深入而不断地变革、升华和改写，出现新的解释和假设。

（2）知识并不是绝对准确无误地概括世界的法则，也不能提供对任何活动或问题解决都实用的方法。在具体的问题解决中，知识是不可能一用就准、一用就灵的，而是需要针对具体问题的情境对原有知识进行再加工和再创造。

（3）知识不可能以实体的形式存在于个体之外，尽管人们通过语言赋予了知识一定的外在形式，并且获得了较为普遍的认同，但这并不意味着学生对这种知识有同样的理解。真正地理解只能是由学生基于自己的经验背景建构起来的，而这取决于特定情况下的学习活动过程；否则，就不叫理解，而是叫死记硬背，是被动的复制式的学习。

按照建构主义的观点，课本知识只是一种关于某种现象的较为可靠的解释或假设，并不是解释现实世界的"绝对参照"。[①] 某一社会发展阶段的科学知识固然包括真理性，但是并不意味着终极答案，随着社会的发展，肯定还会有更真实的解释。更为重要的是，任何知识在为个体接受之前，对个体来说是没有什么意义的，也无权威可言。所以，教学不能把知识作为预先决定了的东西教给学生，不能以自己对知识的理解方式来作为让学生接受的理由。学生对知识的接受只能由他自己来建构完成，以他自己的经验为背景来分析知识的合理性。在学习过程中，学生不仅理解新知识，而且对新知识进行分析、检验和批判。

（二）建构主义的学习观

学习是什么或什么是学习，看上去似乎是很简单的问题，但是，在建构主义的学习观提出之前，人们对它的认识并没有真正实现。这就是为什么源自鼠和狗等动物的学习行为的学习理论统治了我们学校教育和学习活动如此之久的缘故。建构主义就是针对行为主义这种并不符合人的学习规律的学习假设和实践而提出了自己关于学习的反思和理解。

在建构主义看来，同化和顺应是学生认知发生变化的两种途径或方式。同化是认知结构的量变，而顺应则是认知结构的质变。"同化—顺应—同化—顺应"循环往复，"平衡—不平衡—平衡—不平衡"相互交

---

① 赵刚. 浅析初中英语语法教学中的资源整合［J］. 校园英语（教研版），2012（2）：194.

替，人的认知水平就是这样一个结构变化的过程。由此可言，学习不是简单的信息积累，而是新旧知识经验的冲突，并由此引发学生认知结构的重组或改变。

建构主义认为，学习是个体主动建构自己知识的过程。"知识不是通过感觉或交流而被个体被动地接受的，而是由认知主体主动地建构起来的，建构是通过新旧经验的相互作用而实现的。"这一观点得到所有建构主义者的认同。有学者在给建构主义的学习概念下定义时是这样界定的：学习是一个积极的建构过程，它是在某一种关系和情境中、多维度和系统的关系中发生的一种积极的建构过程。因此，学习不是由教师把知识简单地传递给学生，而是由学生自己建构知识的过程；学习过程不只是信息的输入、存储和提取，而是新旧经验之间相互作用的过程，也就是学生与学习环境之间双向建构的过程。

此外，建构主义认为，学习意义的获得，是每个学生以自己原有的知识经验为基础对新的信息进行编码，建构自己的理解。当原有知识因新经验的进入而发生调整和改变时，即建立在自己的解释和理解基础上时，学习才称得上是主动的。而只有这种主动的学习才能促进学生积极进行思维，才能使新的知识和其原有的知识和经验的联系重新得到建构。对于学生来说，重要的是能够经历一个学习过程——自己经历体验那种具有重要意义的真实的建构。

我们还应该注意到还存在着其他人的建构，也就是说，学习既是学生个人的建构活动，同时也是学习共同体的合作建构过程。个体的建构活动要在一定的社会文化背景中进行，而且必须与学习共同体的建构相结合。学生通过合作，既能使自己的理解更加丰富和全面，又可以使知识达到必要的一致性。

（三）建构主义的教学观

建构主义强调教师的教学是"为了每位学生的发展"，应以学生为中心。教师应创设学生学习活动的情境，具体包括学习活动的组织、学生心态的分析、课堂文化的建设、心理氛围的营造以及个人幸福的关注等内容。

教学不能无视学生的已有知识经验，简单强硬地从外部对学生实施知识的传授，而是应当把学生原有的知识经验作为新知识的生长点，引导学生从原有的知识经验中学习新的知识经验。教学不是知识的传递，而是知识的处理和转换。教师不仅是知识的呈现者，还应该重视学生自己对知识的理解，倾听他们的看法，思考他们这些想法的由来，并引导学生丰富或调整自己的解释。

教师应当努力调动学生的学习积极性。教师要充分调动学生的认知思维，利用丰富的信息资源，培养学生收集、分析、重组知识信息并提出创意的能力。教师要充分认识学习活动的不可替代性，调动学生积极参与到学习中来，让学生真正懂得自己对自己的学习负责，摆脱"教师不讲、自己不学"的意识，通过各种教学手段让学生从封闭孤独的学习中解放出来，成为知识加工的主体及知识意义的主动建构者。

教师应善于引起学生观念上的不平衡。教师引起学生观念上的不平衡，也就是引发认知冲突，善于发现新旧知识间的矛盾。一旦引发这种认知冲突，就会引起学生认知结构上的不平衡，就能激发学生的求知欲和好奇心，促使学生进行认知结构的"同化"与"顺应"。

教师应鼓励学生探索问题。教师应尽可能地组织协调学习、展开讨论和交流，并对学生的交流加以引导，提出问题引发学生思考和讨论，并在讨论中把问题逐步引向深入，让学生学会陈述自己的观点，倾听他人的意见，加深学生对所学知识的理解。学生在讨论过程中不仅学会了学习，而且还学会了与人交往和合作，学会了在交往合作中汲取他人的新思想及其精华，能多角度、多方位地分析和解决问题，从而更好地建构知识。

（四）建构主义的师生观

建构主义的学习观表明，知识并非由教师简单地传授给学生，而是每个学生在其原有的知识经验基础上的主动建构，这说明学生在学习过程中应处于主体地位，而不应处于被动的、受支配的地位。强调学生的主体地位并不意味着对教师作用的彻底否定。学生的学习活动是在学校这一特定的环境中进行的一种以文化继承为主的行为，具有特殊的社会性质，因而学生的学习就不应被视为学生孤立的个人行为，而是由教师与学生组成的"学习共同体"的共同行为，教师在教学活动中发挥着主导作用。因此，在教学活动中，师生间应是以教师为主导、学生为主体、师生共同参与学习活动的一种合作关系。在这一关系中，教师的主导作用主要表现以下几个方面。

1. 教师是课堂教学的设计者与组织者

学生的数学学习主要是一种在校学习，是以班级为单位进行的，因而教学活动是一种小型化的社会活动。为了保证教学活动在规定的有限时间内顺利进行并达到预期的目的，教师需要对活动进程做出预先设计，在教学中组织引导学生积极进行认知建构活动。

课堂教学设计是教师对教学实际情况的一种预先设计，主要包括以下内容。

（1）对学生习得应学知识的程序设计。学习过程是学生对外部信息的主动接受的过程，外界信息能否被学生注意并得到加工，进而内化为学生的主观知识，主要取决于学生原有的知识经验，也就是认知结构。因此，教师的首要任务就是了解学生原有的认知状况（这可以通过考试、批改作业、课堂提问、个别谈话等多种方式进行），以便根据学生的实际情况和教学目的设计恰当的问题情境。教师应努力建构问题、悬念、议论等各种教学环境，应善于将教材中的内容组织成一系列具有探索性的问题，把问题作为教学过程的出发点，使学生较顺利地完成认知结构的扩展、分化或重组。

（2）对师生交流的设计。教学过程是一个师生互动的过程，要保证教学活动的顺利开展，教师应该对课堂上师生双方的活动、交流做出预想。什么样的问题适合学困生回答？什么样的问题适合学优生回答？学生的回答可能会出现哪几种答案？教师如何针对不同情况做出相应的反应？教师只有弄清楚了这几个问题，才能使水平不同的学生都能积极地参与到教学活动中来，促进学生数学的"听、说、读、写"能力的提高。

（3）创设一个好的学习共同体。教学设计只是教学活动进程的预想，教学的实际过程不可能按照设计毫无偏差地原样再现。这就需要教师对教学活动进行合理的组织，创设一个有利于学习的课堂情境，使班级形成一个良好的"学习共同体"。在这个共同体中，班级的每一个学生都能起到一定的作用；每个学生都应有强烈的求知欲望，彼此团结，互助，共同努力；每个学生都能自由地发表自己的见解，同时保持开放的思想去随时接受其他同学的好的数学思想方法。教师的课堂组织不应建立在教师的权威上，而应建立在师生对共同问题的探讨与交流上。我们经常看到这样的场景：教师在讲台上大讲特讲，不关注学生的反应，不关心学生是否听懂了，不给学生任何提问的时间和机会。表面看来，教学工作得以顺利完成，没有发生任何预计之外的事件，但学生并没能有效地建构起对知识的理解，这样的教学组织是失败的。

2．教师是数学学习活动的引导者与促进者

建构主义强调，教师应由讲授者、演说家转变成学生学习的促进者与参与者。

从维果茨基的"最近发展区"理论来看，每个儿童都有两种发展水平，一种是实际发展水平，另一种是潜在的发展水平，而后者的实现则需要教师、同伴或其他人的帮助。从这个角度讲，教师恰恰起到了促进学生实现其潜在水平发展的作用。因此，教师应是学习的促进者。教师在教学中不应只看到学生的实际发展水平，而更应着眼于其可能的发展，即"学习先于发展"。建构主义者认为，满堂灌式的教学一方面会造成学生学习的被动性，使一部分人听不懂、跟不上，进而丧失学习兴趣；另一方面也会助长学生过分依赖教师的思想——学生总是认为教师讲得越多越好、越细越好、越易懂越好。

事实上，过多过细的讲解对学生认知结构的发展是有害的，习惯了"听"的学生将逐渐丧失"说""读""写"的能力，对问题的理解难以深刻，从而不能达到潜在的发展水平。因而教师对数学内容的讲解应留有余地、留有悬念，使学生在教师的启发下，积极开动脑筋，提出问题，解决问题。通过个人操作、小组讨论、班级交流等多种形式，教师可以听取学生的问题，了解学生的思维状况，针对学生学习上的疑点、难点进行讲解、点拨，使学生对所学内容建构起属于自己的数学意义。

另外，教师应积极参与学生对问题的探索、讨论，这种参与是站在学生的角度，以学生现有的认知水平为出发点的适度参与。参与不等于直接告诉学生问题的答案，而应以与学生平等的身份，与学生共同探索，使学生在不知不觉中受到数学思想方法的启迪和熏陶，避免在探索问题的过程中走过多的弯路，使学生对问题形成正确的、独到的认识。

3. 教师应是学习活动的示范者

建构主义者认为，学校学习活动的一个主要目标就是对"传统"的继承，而"传统"主要是通过一些"范例"来体现的，"范例"的学习对学习活动有着特别重要的意义，因而教师的示范作用是不能被忽视的。数学学习是一种语言的学习，教师的示范作用首先体现在叙述、讲解基础知识和基本问题时数学语言的组织和运用上。教师的课堂教学语言不仅应有利于学生对问题的理解，还应注意数学语言的科学性、严谨性与规范性。数学学习是一种模式的学习，教师通过"范例"向学生展示如何从具体的实际问题中抽象出普遍的、一般的数学模式，学生不仅从教师的示范讲解中学会常规问题的求解步骤、书写格式、数学符号的规范使用等数学知识技能，还能从中学习如何运用数学思想方法进行逻辑推理、观察、猜想，从而创造性地解决非常规的问题，培养创造性思维能力。

4. 教师应是学生认知状况的评价者

建构主义者认为，学习是学生主动的建构过程，其主体地位不能替代。但学生在学习过程中往往对自己的认知状况、认知水平、建构能力等缺乏清醒的、正确的认识。知识的学习可分为不知、略知、理解、灵活运用等层次，学生往往不能准确判断自己的水平，不论处于哪一层次都认为是"懂了"。教师的作用就在于通过诊断性评价、形成性评价、终结性评价准确地了解学生，帮助学生对自己的认知状况、建构能力做出判断，以便在今后的学习中自觉地查漏补缺。

三、建构主义的主要教学模式

（一）抛锚式教学

抛锚式教学的主要目的是使学生在一个完整真实的事件背景中产生学习需要。真实情境是学生建构知识的背景，必须包含真实的事件或问题。真实问题应与学生的经验相关，具有足够的复杂性，并能引起学生持续探索的兴趣。事件或问题被称为"锚"，确定它们被形象地比作"抛锚"，一旦这类事件或问题被确定了，整个教学内容和教学进程也就确定了，就像轮船被固定一样，故这种方法被称为"抛锚式"教学。由于它强调创设真实的情境，主张教学以真实的事例或问题为基础，所以又称为"情境教学"，有时也被称为"实例式教学"或"基于问题的教学"。

抛锚式教学模式的教学操作可分为以下几个步骤。

（1）教师介绍学习目标，呈现学习内容。在这一阶段，教师以简明的语言向学生介绍学习目标，并运用多种方式向学生呈现所要学习的新内容，使学生对所要学习的新内容有一个整体的把握，并明确学习的目标。

（2）将不同类型的"锚"呈现给学生。"锚"的呈现方式是多种多样的。教师既可以借助技术的支撑，运用多媒体教学设备来呈现有利于学生进行问题解决的情境或故事等，也可以通过故事讲述、学生参与扮演戏剧角色、教师绘制图画等方式来呈现，还可以将多种方式相结合。

（3）识别问题、分解问题、制订问题解决计划。呈现给学生的问题可以是一个大的主题，也可以是围绕一个主题的一系列问题。在这一阶段中，教师一般不直接把现成的问题呈现给学生，而是在学生逐步探索的过程中，根据学生的需要向其提供帮助，为其解决问题搭建脚手架。

教师应留给学生足够的解决问题的时间，以便其制订出解决问题的计划和策略。

（4）将学生分组，进行问题解决。一般来说，学生凭借个人的力量是不可能解决问题的。所以，在这一阶段中，教师要将学生分成小组，使他们在自主学习的基础上，取长补短，进行合作性学习，进而解决问题。

（5）教师进行整体评价。在抛锚式教学中，教师不需要进行独立于教学过程的终结性评价，而应对学生解决问题的整个过程进行过程性评价。在这一阶段中，学生也可以在整个过程中根据具体教学情境进行自评或互评。

（二）随机进入教学

随机进入教学的基本思想源自建构主义的"认知弹性理论"。这种理论的宗旨是提高学生的理解能力和知识迁移能力（即灵活运用所学知识的能力）。认知弹性理论认为，人的认知随情境的不同而表现出极大的灵活性、复杂性、差异性；不存在"放之四海而皆准"的知识，同样的知识在不同的情境中会产生不同的意义。认知弹性理论的代表——斯皮罗等人曾对人的学习进行了重新解释。他们认为，人的学习可以分为两种类型，即"初级学习"和"高级学习"。初级学习主要是掌握结构性知识的过程，学生由此获得的是普遍的、抽象的事实、概念和原理。高级学习则主要是获得非结构性的知识和经验的过程，学生由此获得的是与具体情境相关联的知识。传统教学的根本缺陷之一在于混淆了高级学习与初级学习之间的界限，从而导致了教学的客观主义倾向和简单化倾向。具体表现在以下两个方面。

（1）将事物从复杂的情境中隔离出来进行学习，认为对事物的孤立认知可以推广到其他任何情境之中。

（2）将整体分解为部分，认为局部认知的组合即整体认知。

这种教学必然会使学生对知识的理解简单片面，这是妨碍所学知识在具体情境中广泛而灵活迁移的主要原因。

随机进入教学的操作可以从以下方面进行。

（1）呈现情境：向学生呈现与当前学习内容相关联的情境。

（2）随机进入教学：向学生呈现与当前所选内容的不同侧面的特性相关联的情境，引导学生自主学习。

（3）思维发展训练：教师应特别注意发展学生的思维能力，引导学生发展"元认知"水平，即提高学生对自己的认知过程和结果的反省意识水平，意识自己在解决问题过程中所运用的认知策略的优劣；帮助学生建立思维模型，即帮助学生意识到自己思维的特性。

（4）协作学习：围绕通过不同情境所获得的认识、所建构的意义展开小组讨论。

（5）效果评价：是衡量教学活动成功与否的关键环节。主要包括情境创设、课程结构、教学内容与方法、学生表现、教师行为等几方面对教学效果的评价。

这些要素或环节之间没有固定的顺序，在实际进行的随机进入教学中往往整合为一体。

随机进入教学的基本特征是在不同情境、从不同角度建构知识的意义和理解，由此获得可广泛而灵活迁移的、高级的、非结构性的知识。这是一种旨在获得高级知识、培养认知弹性的教学。随机进入教学与情境教学具有内在的一致性。

（三）支架式教学

支架式教学应当为学生建构知识提供一种概念框架，这种框架中的概念是为发展学生对问题的进一步理解所需要的。支架式教学模式来源于维果茨基的"最近发展区"理论。维果茨基认为，在儿童智力活动中，对于所要解决的问题和原有能力之间可能存在着差异，通过教学，儿童在教师帮助下可以消除这种差异，这个差异就是"最近发展区"。支架式教学从维果茨基的思想出发，将建筑行业使用的"脚手架"作为基础知识概念框架的形象化比喻，其实质是将基本知识概念框架作为学习过程中的脚手架。学生借助于该概念框架，能够独立探索并解决问题，独立建构意义。

支架式教学的构成要素或基本环节可分为以下三个方面。

（1）进入情境。教师将学生引入一定的问题情境，并提供解决问题的必要的工具。

（2）搭建支架。这是教师引导学生探索问题情境的阶段。首先，教师要帮助学生确立目标，为学生探索问题情境提供方向。其次，教师要围绕当前学习的内容，为学生提供探索该学习内容所需要的概念框架。该框架应置于学生的"最近发展区"。最后，教师可以通过演示、提供问题解决的原型、为学生的问题解决过程提供反馈等形式，引导学生探索问题情境，教师的引导应随着学生解决问题能力的增强而逐步减少。

（3）独立探索。本阶段教师要放手让学生自己决定探索的问题和方向，选择自己的方法，独立地进行探索。这时，不同的学生可能会探索不同的问题。

支架式教学的基本特征是重视社会交互作用和文化在知识理解和意义建构中的作用，认为儿童认知能力的发展不仅是一个个体的过程，还是一个社会和文化的过程。毫无疑问，这种教学模式是社会建构主义教学观的集中体现。

第二节　情境认知理论

一、情境认知理论的起源

传统知识观把知识看成能打包的、自给自足的实体，可由教育者传递给学生。在传统的学校教育中，学生与现实环境、知与行相分离，学校关注的是抽象的、简化的和去情境化的概念，学生所解决的问题是结构良好的问题，一般能在 3～5 分钟内解决。

20 世纪 80 年代末，一些研究者开始对学生与情境、知与行相分离的观点进行挑战。如教育家布朗等人认为，知识是情境性的，它要受到知识所使用的活动、情境以及文化的基本影响，并且与它们不可分离。

建构主义学习理论强调以学生为中心的学习环境的创设，并认为"情境""协作""会话"和"意义建构"是学习环境中的四大要素或支柱。情境认知理论和建构主义学习理论在很多观点上是一致的。尤其是社会建构主义理论，由于强调社会文化背景在个体意义建构中的作用，一些观点和情境认知理论有很多一致的地方。因此，有学者就把情境认知理论归于建构主义的一个分支。这个看法不是很确切。情境认知理论与建构主义学习理论既有密切的联系，又存在着差异。在教育心理学研究领域，情境认知理论被视为建构主义的组成部分。在人类学研究领域，情境认知理论拓展了建构主义的早期思想和早期情境性理论的研究。情境认知理论肯定了认知与学习的情境性本质，把研究关注的焦点从个体转向了个体与社会文化情境的关系以及人们在这种情境中的参与和活动，并提出了一系列观点。因此，人类学的参与，丰富发展了情境认知理论，使之成为一个相对独立的理论。

二、情境认知理论的内涵及特征

（一）情境认知理论的内涵

20 世纪 80 年代以来，情境学习理论开始对"学什么"和"如何学""如何用"的分离状态提出了挑战。该理论不是把知识作为心理内部的表征，而是把知识视为个人和社会或物理情境之间联系的属性以及互动的产物，认为思维和学习只有在特定的情境中才会有意义。同时，该理论还认为，参与基于社会情境的一般文化实践是个人知识结构形成的源泉，在特定情境中获得的知识要比所谓的一般知识更加有力和更加有用。情境学习理论认为，学习不仅是为了获得一大堆事实性的知识，同时还要求学生参与真正的文化实践。知识如同生活中的工具，学生只有通过对它的理解和使用，以及与经验的不断相互作用，才能在不同情境中进行知识的意义协商。

（二）情境认知理论的特征

情境认知理论的关键特征是如何看待知识。它不是把知识作为心理内部的表征，而是把知识视为个人和社会或物理情境之间联系的属性以及交互的产物。情境认知理论认为：知识是一种活动，而不是一个具体的对象；知识总是基于情境的，而不是抽象的；知识是个体在与环境交互过程中建构的，既不是客观决定的，也不是主观产生的；知识是交互的一种状态而不是事实。

情境认知理论对知识的革命性理解启示我们，应将各种情境纳入教育的视野，而不是使其游离于教育的视野之外，对其视而不见。其具体特征可以从以下几个方面进行说明。

1. 基于情境的行动

情境认知理论认为，人类活动是复杂的，包括了社会、物理和认知的因素。人们不是根据内心关于世界的符号表征而行动的，而是通过与环境直接接触与互动来决定自身的行动的。在这种基于情境的行动中，隐含在人的行动模式和处理事件的情感中的默会知识将在人与情境的互动中发挥作用。与此同时，实践者要经常对情境进行反思。不同领域的实践都存在着情境行动与行动中的反思相互交替的现象。情境学习的支持者倡导通过两种途径学习知识与技能：一是重视一般技能的教授，使之迁移到多种情境中去；二是强调在应用情境中教授知识与技能，强调知识必须在一定的背景中学习。这种背景可以是真实工作环境、真实工作环境的高度模拟替代和抛锚背景。

2. 合法的边缘参与

合法的边缘参与是情境认知理论的中心概念和基本特征。该概念的提出在很大程度上增强了情境学习的非中心化观点。根据这个特征，基于情境的学生必须是共同体中的"合法"参与者，而不是被动的观察者，同时他们的活动也应该在共同体工作的情境中进行。边缘的参与是指，由于学生是新手，他们不可能完全地参与共同体活动，而只是作为部分共同体活动的参与者。他们应该在参与部分共同体活动的同时，通过对专家工作的观察、与同伴及专家的讨论进行学习。

"参与"意味着新手（学徒）应该在知识产生的真实情境中，通过与专家、同伴的互动，学习他们为建构知识应做的事情。为此，合法的边缘参与应该是学生获得文化的机制，它既包括了学徒与专家之间的联系，也包括了与其他所有作为实践文化组成部分的参与者、符号、技能和观点的联系。但合法的边缘参与不是一种教学方法，确切地说，它是用新的方式观察和理解学习的方式。

情境学习中有关合法的边缘参与的研究主要关注的是学生的社会参与的形式，学习则是其中必不可少的要素。

3. 实践共同体的建构

情境学习将社会性交互作用视作情境学习的重要组成部分。由此，在研究中显现出一个统一的概念，这就是实践共同体。该概念既强调学习是通过参与有目的的模仿活动而建构的，也强调实践与共同体的重要性。该概念的提出表明，在情境认知中知识被视为行动与成功的实践能力，学习可被理解为一种结果，可被看作一种增强对共同体验的情境的参与能力。

三、情境认知理论的基本观点

（一）情境认知理论的知识观

情境认知理论认为，所有的知识都和语言一样，其组成部分都是对世界的索引。知识来源于真实的活动和情境，并且只有在运用的过程中才能被理解。因而，只有在丰富的社会真实情境中运用知识，人们才能真正理解它的内涵并正确、灵活地使用知识。知识是活动、背景和文化产品的一部分，它正是在活动中，在丰富的情境中，在文化中不断地得到运用和发展的。情境认知之所以将知识看作工具，是因为知识和工具一样，只有在应用的过程中才能完全被理解，它的概念既是情境性的，又是通过活动和运用而不断发展的。情境认知理论不是把知识作为心理内部的表征，而是把知识视为个人和社会或物理情境之间联系的属性以及互动的产物，并试图通过实践中的活动和社会性互动促进学生的文化适应。因此，参与基于社会情境的一般文化实践是个人知识结构形成的源泉。情境学习理论要求注意知识表征的多元化问题，并加强各种知识表征（语义的、情节的和动作的）之间的联系，同时注意使知识表征与多样化的情境关联，并要求处理好情境化与非情境化之间的平衡。

（二）情境认知理论的学习观

情境认知理论认为，学习只有在一定的情境或文化中发生才有效。这样的学习有利于提高学生解决问题的能力，而脱离情境的学习则无此效果。因此，真实活动是学生进行有意义、有目的的学习的重要途径，对学生知识的获得十分重要，应当成为学习的中心。情境认知理论认为，学习不仅仅是为了获得一大堆事实性的知识，还应该积极思考并且产生行为，要求将学习置于知识产生的特定的物理或社会情境中，还要求学生参与具体情境中的真正的文化实践。

（三）情境认知理论的教学观

情境认知理论认为只有当学习被镶嵌在运用该知识的情境中时，有意义学习才有可能发生。因此，教师在教学中要提供真实或逼真的情境与活动，以反映知识在真实生活中的应用方式，为理解和经验的互动创造机会，提供接近专家以及对其工作过程进行观察与模拟的机会；在学习的关键时刻为学生提供必要的指导与搭建"脚手架"；在学习过程中为学生创设可扮演多重角色、产生出多重观点的情境，提供可能的帮助；构建学习共同体和实践共同体，支撑知识的社会协作性建构；促进学生对学习过程与结果的反思以便从中汲取经验，从而使缄默知识转变为明确知识。

（四）情境认知理论的评价观

情境认知理论认为，评价必须模拟真实性任务，并能引发学生进行比较复杂又具有挑战性的思维。同时，在确定评价标准时，必须考虑到问题是有多个角度的，因此答案不是唯一的。评价的焦点应是在真实情境中解决问题的认知过程，使学生不仅关注测试的结果，更要注意自己认知策略和知识结构的发展。另外，还要提供对于学习的真实性、整合性的评价。

四、情境学习理论对教学设计的要求

情境学习强调在真实的情境中通过完成真实的任务来获得知识与技能，并推崇认知学徒制策略，因而与传统的教学设计有着极大的差异。基于情境学习理论的教学设计必须考虑以下四点。

（一）教师必须选择复杂的、真实的情境

教师提供的情境应能使学生有机会生成问题，提出各种假设，并在解决结构不良的、真实的问题的过程中获取丰富的资源。同时该情境还应提供其他丰富的例证或类似问题，以促进知识的概括化与迁移。

布朗和杜吉德指出，大量的默会知识隐含在共同体的实践之中，它难以进行明确的教学。因而，对教师而言，其所设计的学习情境应有利于学生得到他们所需的知识。在学校学习中，学习情境一般不可能是实际的工作环境，这可以由观看录像或实地考察来代替。

（二）教师必须给学生提供适当的支撑

支撑是指教师在学生处于维果茨基所说的"最近发展区"的最佳挑战水平上时给予的适当的支持。随着学生在实践共同体内从新手向专家的转变，这种支撑要逐渐减少。支撑的方法包括内隐的思维过程的外化，给予暗示性与间接的指导等。此外，在专家身边工作以及与同伴合作也能获得有效的支持。

（三）教师必须转变角色

教师必须转变角色并努力适应新的课堂文化，即教师不再是知识的传授者而是学生学习的促进者。教师要转变角色并非易事，尤其在我国有数千年的"师道尊严"与教师"讲习"的传统。因而许多教师本身可能也需要得到实践共同体的支持，以便实现这种转化。

（四）教师必须在教学过程中对学生实施持续的现场评定

传统测验主要考查陈述性知识与程序性知识，而不能适当地评价高级思维技能与发现问题、解决问题的能力。情境学习的评价特点包括：自我参照评定；灵活测量迁移能力；以学生为中心；评价尺度的多样性与灵活性；要求生成与建构；实施持续的、进行中的过程评价。总之，评价要与学习自然地整合在一起。具体的方法包括：建立记录着学生从新手成为专家的认知成长档案袋；强调知识应用而不是知识回忆的实作/作业评定；绘制反映知识理解程度的概念图；等等。

第三章

初中数学课堂教学设计

第一节　数学课堂教学设计的内涵与要求

一、数学课堂教学设计的内涵

数学课堂教学设计是数学教师为有效地完成课堂教学任务而进行的教学规划，主要包括数学课堂教学目标的设计、数学教学活动的设计、数学教学策略的设计、数学教学实验的设计、数学教学媒体的设计以及数学教学效果的评价设计等。

按照教学设计的定义，数学课堂教学设计应该以教学论、教育心理学和传播学理论为基础，用系统科学的观点和方法来分析数学课堂教学任务，确定数学课堂教学目标，选择数学教学活动、数学教学策略、数学教学媒体以及评价数学教学结果的方法等。因此，数学课堂教学设计主要体现在数学课堂教学目标、教学活动、教学策略、教学媒体和教学评价等对象的选取上。由于数学课堂教学是数学教学最基本的形式，故数学教师要针对数学课堂教学设计的主要对象，精心设计课堂教学的每一环节，以便获得最佳的教学效果。

数学课堂教学设计的过程可以表述为：数学教师以系统科学的观点和方法为依据，在研究学生身心及相关理论基础上，根据数学课堂教学的目的和要求，确定具体的教学活动、相应的教学策略，选择需要的教学资源，安排教学程序和方法，按照教学内容选择教学媒体，有效地传递和转换教学信息，通过反馈调节，评价教学效果等一系列的教学环节，使数学课堂教学效果达到最优化。

综上所述，数学课堂教学设计是数学教师为达到预期的数学教学目标而对教学活动进行系统规划、安排、决策的过程，是优化课堂教学程序、提高课堂教学效率、落实素质教育的重要环节。

二、数学课堂教学设计的要求

数学课堂教学设计的基本要求主要体现在对数学课堂教学现状的了解、教学目标的确定、教学过程的安排和教学反馈信息的获取与评价等方面。

（一）充分了解教学现状

数学课堂教学起点的选择是很重要的，它直接关系到数学课堂教学效果的优劣，而恰当的课堂教学起点的确定有赖于对数学教学现状的充分了解。数学教学现状包括：学生的认知水平状况、学习态度和背景知识状况；教材内容深浅、范围状况；可以参照的教育心理学和传播理论的状况；等等。教师只有认真分析、了解学生的情况，掌握他们在数学方面的一般特征和初始能力，把握数学教材内容的难易、质量和数量以及相应的教育心理学及传播理论的基本原理，才能做到心中有数、因材施教。充分了解教学现状是做好数学课堂教学设计的基础。

（二）确定适度的教学目标

数学课堂教学目标是师生通过教与学的活动所需要实现的学生行为的变化（涉及认知、技能、情感、态度、品格等各方面）。这种行为变化以教学完成时学生应达到的学习水平为标志。通常，数学课堂教学目标可以用课堂教学活动中的可观察、可测定的行为术语精确地表达出来，要指明学生应该掌握哪些知识和技能，培养何种态度和情感，还要尽可能地表明学生内部心理的变化。由于数学课堂教学目标是数学课堂教学的出发点和归宿，因此，数学教学目标的设计是完成整个数学课堂教学设计的重要任务。在确立数学课堂教学目标时，既要考虑到课堂教学的需要，又要考虑到实际实现的可能；既要考虑到近期要求，又要考虑到长远要求；同时，还要注意到目标的层次性和阶段性。只有考虑到这些方面而制定出的数学课堂教学目标，才能切合教学双方的实际，真正起到对数学课堂教学的定向、激励和评价的作用。

（三）有效安排教学过程

数学课堂教学过程是为达到数学课堂教学设计目标所采用的各种教学手段与途径的配合与展开。安排数学教学过程是对特定的数学课堂教学目标所采用的教学活动、教学策略和教学媒体等的选择与使用上的总体考虑。数学课堂教学过程的安排要兼顾控制和协调、教和学两方面的各种因素，因而它有全局性、联系性和动态性的特点。数学课堂教学过程中任何一个环节出现问题，必将影响数学课堂教学的整体效果。因此，在安排数学课堂教学过程时，教师既要能审时度势、把握全局，又要能灵活方便、统筹规划、照顾个别，自始至终贯彻"教为学服务"的思想，最大限度地调动学生参与的积极性、思维的积极性和学习的主动性，取得最佳教学效果。

（四）及时利用反馈信息

在数学课堂教学过程中，师生之间的相互作用、相互影响和相互制约发生在教与学的活动交往中，也就是数学信息的传输和反馈控制之中。因为数学信息（知识）通常以静态形式存储，教师只有通过一定的教学手段，把信息转换成传输状态，才能为学生所接收；只有随着数学教学进程的反馈控制及随时调整的不断进行，才能使数学课堂教学达到预期的教学目标。既然数学课堂教学的功能是通过数学信息的传输和反馈控制来实现的，数学教师就应该及时利用反馈信息形成数学课堂教学评价，完成对数学课堂教学的正确调控，这是数学课堂教学设计的基本要求。教学评价的各种形式（包括诊断性评价、形成性评价、终结性评价）都应该为了解数学课堂教学目标是否达到、达到何种程度而服务，并作为随时调整数学课堂教学的依据。

第二节 数学课堂教学设计的原则

一、数学课堂教学设计原则的确立依据

数学课堂教学设计原则是进行数学课堂教学设计所依据的准则。要确立正确的课堂教学原则，必须认真探求这一原则确立的依据。只有真正把握确立课堂教学设计原则的本质依据、理论依据和指向依据，才能在全面、系统的课堂教学设计中找到正确的方向。

（一）数学课堂教学设计原则确立的本质依据

探究数学课堂教学设计原则，应首先明确这一原则具有的本质规定性。数学课堂教学设计原则是反映数学教学设计规律、指导数学教学设计活动的法则和标准。这种本质的规定性确定了数学课堂教学设计原则建立的原始动因，将围绕数学课堂教学设计的一切活动都规范在以数学课堂教学能够有效进行为中心的范畴之中。

（二）数学课堂教学设计原则确立的理论依据

数学课堂教学设计所依据的理论是系统科学和教育心理学在教学领域中的具体应用。因此，确立课堂教学设计原则，必须遵循系统科学和教育心理学的基本原理和方法。课堂教学设计本身就是一个完整的系统，作为其本质的课堂教学设计原则，应该反映教学设计系统的整体性这一显著特点。只有反映这一特点并且遵循教育心理学规律的原则，才会对教学设计产生普遍的指导意义。

（三）数学课堂教学设计原则确立的指向依据

按照事物存在的客观性和联系性，要正确地确立数学课堂教学设计原则，应该把握其适用对象及范围，这样所确立的原则才会有明确的指向。数学课堂教学设计的原则是在数学课堂教学设计的实践中应运而生的，反过来又成为数学课堂教学设计的准则和依据。因此，能够针对课

堂教学的对象和范围进行数学课堂教学设计实践，是构成数学课堂教学设计原则的重要依据。

应该看到，数学课堂教学设计原则既适用于数学课堂教学的整体设计，也适用于其整体设计中的分设计，对数学课堂教学设计各基本要素都具有指导作用，并且对各要素相互关系也具有规范和协调作用，能始终把多种要素紧固成一个有机的整体。

二、数学课堂教学设计的具体原则

为了保证数学课堂教学设计的系统性、科学性和一致性，既遵循数学课堂教学的规律，又符合学生的学习特点，数学课堂教学设计应遵循下列原则。

（一）目标性和可行性相统一原则

由于数学课堂教学设计是在教师熟悉数学教学大纲、把握数学教材内容及各个知识点的基础上得出的数学课堂教学的具体目标要求，所以每节数学课的教学活动都应该围绕所设计的数学课堂教学目标而开展，以便完成数学课堂教学任务。课堂教学目标不仅要考虑知识、能力达到的程度，还要加强思想品德的教育和非智力因素的培养，努力使学生在知识、能力、思想、心理等各方面都得到全面协调的发展。[①] 然而，数学课堂教学设计是依据有关教学理论对数学教学实践所做的规划，这种规划要成为现实，至少应具备两个可行性条件：一是要符合主客观条件，如主观条件应考虑学生的年龄特点、认知水平、知识结构和师资水平，客观条件应考虑教学设备、地区差异等因素；二是要具有操作性。只有当这两个基本条件都具备，数学课堂教学设计方案的实施才能达到预期目的，使课堂教学设计对教师和学生来讲都行之有效。因此，数学课堂教学设计要遵循目标性和可行性相统一的原则。

---

① 袁本红. 试析初中数学教学设计的优化［J］. 新课程研究（上旬），2022（5）：102－104.

（二）系统性和针对性相结合原则

数学课堂教学设计是一项系统工程，它由数学课堂教学目标设计、教学活动设计、教学策略设计、教学媒体设计和教学评价设计等子系统所组成，各子系统既相对独立，又相互制约，共同组成一个有机的整体。各个子系统的功能并不是等价的，其中教学目标设计就有制约其他子系统的作用，因为确立适当的教学目标在整个教学设计系统中起着"纲举目张"的功效。因此，这些设计应立足于整体，使每个子系统协调存在于整个教学设计系统中，以便最终达到课堂教学系统的整体优化。进行数学课堂教学设计，应遵循系统论的观点，统筹兼顾各个子系统。课堂教学设计只有将各个子系统和谐地统一在总体之中，才能算是成功的设计。

（三）整体性和集中性相协调原则

数学课堂教学设计应注意的整体性表明，数学教师应把握数学知识结构体系，认真分析每节课中的知识在整个知识体系中的地位和作用，找出这一课内容的铺垫知识是什么、新旧知识的连接点是什么、后续知识是什么，尽量使知识结构整体呈现。而数学课堂教学设计应注意的集中性则表明课堂教学的时限性和教学信息的多维性，要求教学内容要集中，教师在钻研教材的基础上，要把握教学内容中重点的、主要的、本质的东西，把有限的教学时间集中在最核心的教学任务上。这就要求数学教师在设计数学课堂教学时，既要照顾到知识传授和能力培养在空间上的整体性，又要照顾到它们在时间上的集中性，协调好整体性和集中性之间的关系。

（四）理论性和实践性相依存原则

数学课堂教学设计要以先进的、科学的、可靠的教育心理学理论与传播科学理论为基础，制定出切实可行的操作步骤和实践方案。没有先进的、科学的、可靠的教育心理学理论和传播科学理论来规范数学课堂教学实践，很难达到提高数学课堂教学质量的目的。同时，没有数学课堂教学实践。可见，数学课堂教学设计的理论性和实践性是相互依存的，在实施过程中，应该做到理论性和实践性兼顾。

（五）主体性和主导性相一致原则

数学课堂教学设计应始终坚持以学生为主体、以教师为主导的思想，要体现出教师对学生思想的启发。教师要以学生为学习的主体，始终把启发思想贯穿教学设计的整个过程，要求学生独立思考，提高学生分析问题和解决问题的能力。表现在学法设计上，要体现出教师对学生学习的指导性。教师不仅要把学生当作教育对象，还要将他们当作研究对象，研究学生的学习规律，指导学生掌握数学课堂教学所传递的信息的方法，掌握预习、听课、做笔记、做作业、总结学习过程等的方法，以及掌握自我心理调节的方法等。

（六）传统教学手段和现代教学手段相结合原则

传统数学课堂教学手段与现代数学课堂教学手段相结合是指两种手段的优化组合。例如：利用黑板这一传统教学手段精心设计的板书，其本身就是课堂教学的纲要和轮廓，它能突出教材的重点、难点和关键，帮助学生厘清教材的脉络，打开学生的思路，而且便于学生记笔记，为课后复习提供条件；而采用投影这一现代教学手段进行教学演示，在揭示和阐明教学中的重点和难点方面为教师和学生提供了更加充裕的时间，便于教师讲解、学生观察和分析思考；录像这一现代教学手段，则以其声形结合的特点，将所讲的对象，在大与小、快与慢、虚与实之间互相转化，使教学内容涉及的事物、现象、过程全部再现于课堂。总之，传统教学手段与现代教学手段结合在一起后，能收到更好的教学效果。

（七）适时、适度评价和反馈原则

适时是指要把握好评价的时机。例如：诊断性评价一般安排在课堂教学前进行，借助上节课形成性评价和终结性评价的结果，使教学设计方案更加趋于合理和恰当；形成性评价一般在课堂教学中进行；终结性评价一般在课堂教学后进行。适度是指要把握好评价的分寸。因为学生之间的个体差异是客观存在的，他们的知识基础、认识能力、意识倾向、兴趣爱好、学习态度都不尽相同，教师应根据学生不同的情况确定不同层次的评价标准，对涉及教学目标的各个领域和层次进行评价。这可以由教师、学生共同来实施，通过目标测试题、作业练习、谈话或者提问来考查。当然，对要达到的课堂教学目的和要求应该指向明确，对识记、理解、运用、分析、归纳、综合等行为要求要有具体的检测内容和明确的评定标准和依据，具备可测性。同时，要将评价结果适时、适度地反馈给学生，当学生在学习上取得新的成绩时应给予肯定的评价，让学生体验成功的快乐；当学生在学习上遇到挫折时，应给予鼓励，对他们非智力因素方面的优点进行评价，强化他们学习的信心。

第三节　数学课堂教学设计的内容

参照数学课堂教学设计的基本环节，数学课堂教学设计的内容可划分为三个部分：数学课堂教学目标设计、数学课堂教学过程设计和数学课堂教学评价设计（见表3-1）。

表 3-1　数学课堂教学设计的内容和作用

数学课堂教学设计	数学课堂教学目标设计	数学课堂教学过程设计	数学课堂教学评价设计
内容	分析教学对象 分析教学内容 制定教学目标	教学结构 教学策略 教学媒体 教学活动	诊断性评价 形成性评价 终结性评价
作用	教师：便于领会教材，设计教案，选择教学模式、方法，确定测验要求，指导学生更好地学习 学生：激发学习动力	使教学信息的传递与转换、储存与加工均按照教学目标和学生的实际水平进行，不仅能完成教学任务，还能提高教学效率	判断教学效果达标程度、教学方式的有效性以及学生的学习情况，不断发现教学活动中的不足，以便及时补救

从表 3-1 中可以分析出，数学课堂教学设计的内容主要包括课堂教学目标设计（教学对象分析、教学内容分析、教学目标制定）、课堂教学过程设计（教学结构、教学策略、教学媒体、教学活动的运用）、课堂教学评价设计（诊断性评价、形成性评价和终结性评价的进行）。这"教学三部曲"既体现出"教什么、学什么""如何教、如何学""教得怎样、学得如何"，也表现出数学课堂教学设计在数学理论知识传授与实际技能培养上的兼顾。数学课堂教学设计重点是能使学生在经过系统、科学设计的课堂教学过程中，有效地获取数学知识，尽快地形成数学技能，以取得数学课堂教学效果的最优化。

一、数学教学目标设计

（一）数学教学目标的含义

数学教学目标是指数学教学活动主体预先确定的、在具体数学教学活动中所要达到的教学结果。

（二）数学教学目标的功能

1. 指向功能

数学教学目标是数学教学活动的预期结果，它指引着数学教学活动的方向，规定着数学教学活动的进程，在一定意义上制约着数学教学设计的方向。如果缺乏清晰的教学目标，数学教学将会失去方向。数学教学目标定向功能的发挥，可以保证数学教学目标的顺利实现。一般来说，若数学教学目标指向正确，则可取得正向教学效果；如果数学教学目标指向错误，则只能取得负向教学效果。因此，教师应该把确定正确、合理的教学目标作为教学设计的首要环节。

2. 依据功能

数学教学目标可以为分析数学教材及设计教学活动提供依据。数学教师一方面根据教育和教学的一般目的确定数学学科中各单元和各课时的教学目标，另一方面又根据这些教学目标设计数学教学活动。数学教学目标不仅制约着数学教学设计的方向，而且决定着数学教学的具体步骤、方法和组织形式。因此，它不仅是数学教学活动的科学性、整体性和连贯性的重要依据，也是数学教师对数学教学活动全过程进行自觉控制的重要依据。

3. 激励功能

适当展示数学教学目标，可以激励学生学习数学的积极性。数学教学目标是激发学生学习数学动机的诱因，在数学教学开始前，教师就向学生明确地展示具体的数学教学目标，能激发学生对学习新内容的期待和达到学习目标的欲望，从而调动学生学习数学的积极性和主动性。当学生充分了解了他们预期所要取得的学习成果时，他们就会明确成就的性质，进行目标清晰的成就活动，对自己的行为结果做成就归因，并最终取得认知、自我提高或获得赞许的喜悦，使教学目标发挥应有的激励功能。但数学目标激励功能的发挥，也取决于其价值是否被学生认同，以及其难易程度是否适中。因此，数学教师制定和展示数学教学目标时要尽量注意二者兼顾，以保证数学教学目标发挥出激励学生学习的最大作用。

4. 描述功能

数学教学目标通过描述学生具体的行为表现，为数学教学评价提供科学的参照。传统的数学教学大纲所提出的数学教学目标往往含糊其词，使数学教师无法准确地把握客观、具体的评价标准，做出评价选择的随意性很大，教学中关于能力和个性特征等高层次的目标，既无法落实，也无法评价。因此，在数学学科各单元和各课时的教学中，要充分发挥数学教学目标的描述功能，全面、具体和形象地描述学生的行为表现，以保障数学教学有章可循，测评有信度、有效度、试题有难度、有区分度，使数学教学评价有科学的参照。

5. 评价功能

数学教师制定的数学教学目标既是数学教学活动的指南，也是测评数学教学效果的尺度。数学教学效果的检测和评价是围绕数学教学目标展开的，教学双方在数学教学中是否发挥了应有的作用、教学效果是否达到或在何种程度上达到了既定目标，都是数学教学评价所关注的主要内容。当然，数学教学目标只有制定得比较合理，才能减少其评价的偏差，使测评的信度、效度和区分度都较高。数学教学目标评价功能的发挥，一方面为数学教学效果的检测和评价提供了尺度，另一方面也对数学教学目标的制定和修改进行了反馈。在数学教学过程中，数学教师应根据教学评价的结果不断地调整教学的方式与方法，有了明确的数学教学目标就可以以此为标准，在数学教学过程中充分发挥评价和反馈的作用，从而提高数学教学质量。

二、数学课堂教学目标设计

（一）数学课堂教学目标

数学课堂教学目标是指预先确定的学生在具体教学活动中所要达到的课堂教学结果。数学课堂教学目标主要包括数学单元目标和课时目标，这些教学目标要求以学生通过教学后应该表现出来的可见行为来描述。因此，数学课堂教学目标也称数学课堂教学行为目标。

数学课堂教学目标既是整个数学课堂教学活动的指导思想、出发点和归宿，也是检查和评价课堂教学效果的依据。数学课堂教学效果的优劣，是通过数学教学结果与数学教学目标的比较来进行鉴别的。数学课堂教学目标与教学目的的区别在于：教学目标不仅是教学过程结束时所要达到的结果，或教学活动预期达到的结果，而且具有学生行为上的可见性和可测性；教学目标比教学目的更具体、更实际。

（二）数学课堂教学目标设计的要求

由于数学课堂教学目标是保证数学教学活动取得成功的必不可少的环节，教师在进行数学课堂教学目标设计时，要使所制定的教学目标明确而又切实可行，应该注意以下几点。

1. 用可观察的具体行为表述教学目标

数学课堂教学设计中的教学目标想要做到明确、详细，就应该采用

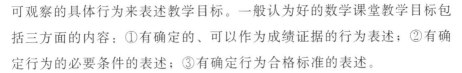

可观察的具体行为来表述教学目标。一般认为好的数学课堂教学目标包括三方面的内容：①有确定的、可以作为成绩证据的行为表述；②有确定行为的必要条件的表述；③有确定行为合格标准的表述。

2. 使教学目标具有一定的层次和分类

按照现代教育理论的观点，教学目标应有认知、动作技能和情感三个大的分类。认知领域的教学目标应有感知、理解和掌握三个层次，我国的课程目标则包括"知识与技能""过程与方法""情感态度与价值观"三个方面，同时，应具有远期的学习目标，否则，学习就会缺乏统一的指导、努力的方向和持久的动力。但只有远期目标还不够，还必须有力所能及的中期目标，不然，学生就会感到那些远期目标过于空泛、渺茫，就会失去努力学习的热情。此外，还应具有可操作性的近期目标，因为没有近期目标，中期目标、远期目标就会失去依托，从而成为"空中楼阁"。

3. 充分考虑教学目标实现的可能性

教学目标能否发挥应有的作用，还要看目标的难易度是否适当。当教学目标定得过高、过难时，学生就会感到力不从心，导致望而却步、退缩不前；一个过低、过易的教学目标又会使学生感到"没劲"，缺乏刺激性、挑战性，从而视若无睹，不能引起强烈的学习动机和兴趣。只有教学目标的高低、难易适度，才能对学生起到激励和导向作用。

4. 把教学目标的设计和教学评价联系起来

教学目标确立后并不意味着就固定不变了，可根据教学评价的实际情况灵活调整。因为学习活动是一个动态过程，在学习过程中，当学生感到难易度适当、掌握情况较好、取得成功时，会产生愉悦的情绪体验和较高的自我效能感，对自己的学习能力充满信心，能够精神饱满、积极主动地克服各种困难，圆满地实现既定目标。这证明制定的目标是科学的，应该坚持下去。而当学习失败时，学生就会感到困惑、焦虑，自我效能感降低，学习无力感增强，从而以消极、被动的方式对待学习。这表明现有的教学目标是不适当的，应及时修正或调整。

（三）数学课堂教学目标设计的步骤

数学课堂教学目标设计应该考虑到顺序性和整体性，大致遵循以下设计步骤。

1. 钻研课程标准，分析教材内容

数学课程标准是以纲要形式编定的有关数学教学内容及进程的指导性文件，它规定了数学教学目的、教学任务、教学内容的知识范围、教学时间分配以及教学方法上的要求。数学教材是数学课程标准的具体贯彻和体现，是教师进行教学的根据。数学课堂教学目标的设计必须立足于对课程标准的认真钻研，分析教材内容，在课程标准的指导下，深刻领会教材内容的科学性、系统性、思想性和数学思维方式，做到从整体上把握数学课程的基本结构，构建数学知识体系；对于课堂教学内容必须彻底理解和消化，如对教材中出现的用语、符号以及插图、实验、习题等都必须认真研究和推敲；通过重点分析、研究将要采用的教学内容，找出其中的基本概念、基本原理和基本方法，确定教学的重点和难点，为建立数学课堂教学目标奠定基础。

2. 了解学生已有的学习状态

数学课堂教学是以学生为主体的过程，掌握数学知识的过程是学生主体的智力活动过程。学生认知水平的提高不仅要借助于他们已有的数学知识体系，还要借助于他们正确的思维方式与方法。教学目标的制定要以学生的特点和已有的学习准备为基础，教给学生不懂或还不完全懂的东西。学生已经具备的学习基础是教学目标确定必须考虑的前提条件。只有充分了解学生的知识水平、能力大小、智力高低、思维特点、学习态度、学习方法和兴趣爱好等，才能根据学生的实际情况进行分析，通过掌握的教学深度、广度和难度，灵活地组织教材，选择恰当的教学方法，充分调动起学生的学习积极性。当然，数学课堂教学目标不仅应该建立在学生已有的学习准备的基础上，还应该建立在经过适当的努力能够达到的目标基础上。对群体教学而言，学生普遍具有的学习准备和一些共同心理特征是在确定数学教学目标时应考虑的主要方面。同

时，数学课堂教学目标设计应充分考虑学生的个体差异，制定相应的发展目标，使每个学生都得到充分发展。

3．分类制定教学目标

在深刻领会课程标准、教材内容和了解学生实际基础上，为使数学课堂教学目标在实际制定时具有可操作性，还应该对教学目标进行适当的分类。从不同角度和标准出发，可以对数学课堂教学目标进行不同的归类。首先要列出各类综合型目标，如培养学生对数学学科的兴趣，提高学生观察数学实验的能力等。综合性目标反映了对教学的一般要求，但往往比较笼统，难以实际执行、直接观察和测评。因此，在列出综合型目标后，还必须对它们进行分解，使之成为可操作、可评价的具体行为目标，利用能够引起具体行为的术语，列出一系列能够反映具体学习结果的教学目标，解释每个综合性目标。当然，这些具体的行为目标是可以实际执行、直接观察和测评的，它们具体表达了数学课堂教学目标的要求。需要注意的是，这些教学目标要切实可行，不能降低课程标准规定的要求。实施目标分类的主要目的是提高目标在教学中的清晰度和可操作性，以利于教师更好地依据目标指导教学和评价教学。

三、数学教学活动设计

（一）数学教学活动设计的要求

数学教学活动是数学教师传授数学知识与学生接受数学知识两方面活动的总称。它包括教师的施教活动、学生的学习活动和师生构建课堂人际关系的活动等。数学教学活动是教师进行教学的科学和艺术创造的具体过程，是学生知识结构和心理结构的构建过程，是数学教学设计的关键环节，关系着数学教学目标能否实现、教学任务能否完成，以及二者实现和完成的程度、质量和效率。

数学教学活动设计是依据数学教学目标及数学教材内容，构建新的数学知识和心理结构，使学生原有的知识和心理状态向数学教学目标所要求的状态发生改变的规划过程。在进行数学教学活动设计时，应注意以下几点。

1．协调师生活动

注意学习活动的设计以及教与学的协调。教师应该在深入了解学生的基础上做心理角色置换，设身处地地为学生着想，审视教学活动设计并做出相应的调整。教师是数学教学活动中教的主体，学生是数学教学活动中学的主体。教学活动设计中不主动安排协调师生的活动，会使教学活动变成单方面的施教活动，导致施教活动与学习活动不能系统开展而影响教学效果。因此，教师在进行数学教学活动设计时，应充分认识和体现学生在学习中的主体性，正视发挥教学双方的主动性、积极性和重要性。教的主动性应该体现在主动地认识和探讨学生学习的规律性，深入了解学生情况，努力引导学生主动和积极地学习。学的主动性应体现在既不是被动地参与，也不是无理由地盲目接受，而是在接受指导和掌握学习规律的过程中，逐步进行自我调控学习活动能力的培养。

2．科学性和艺术性的统一

数学教学活动的科学性主要表现在自觉地运用教学规律做指导，遵循数学的科学规律和数学教学的原则。教学活动的艺术性主要表现在教学活动的和谐性、巧妙性和新颖性，能通过有限的活动及其内容完成多项教学任务，实现多项教学目标；能激起学生积极的情感共鸣，使学生产生美的感受，得到美的满足。所设计的数学教学活动既要以科学性为前提，以数学教学规律为基础，又要按照美的规律，积极地进行教学艺术创作，使数学教学活动既生动活泼、富于审美情趣，又不失其严密的逻辑性和系统性。

3．建立工作规范

根据数学教学活动的具体规律，建立相应的工作规范。例如，在设计教学的讲授活动时，教师要考虑的问题包括：学生此时是以听为主，还是以思考为主，或以笔记为主；如何使学生听得清楚、愿意听，能保持注意、不易疲劳；如何引导学生的思维活动，使他们顺利地理解教学内容及其结构和掌握重点；如何使学生产生预期的情感，达到情感教育目的；如何用板书、表情、手势和其他辅助行为配合，增强讲授的效果；如何有利于学生记笔记，指导他们协调各种思维活动；如何根据学生可能的信息反馈进行机动的应变调整；如何引导学生进行探究活动；等等。根据这些教学具体活动上的考虑，建立一系列的设计工作规范，以使整个数学教学活动设计规范化。

4. 注意活动的适度多样性

数学教学活动是多类型、多层次活动的组合，为了完成特定的数学教学任务，可以采取多种不同的活动方式。教学活动的多样化不但能使学生始终保持兴趣和热情，而且能提高学习的效率，陶冶情操，促进智力和心理能力协调发展。但是，教学活动种类过于复杂、更换过于频繁，也会增加学生的学习负担，使他们过早地感到疲劳，注意力分散，进而影响学习效率。教师在设计数学教学活动时，要从教学内容的实际需要、学生的心理特点和智力的发展水平出发，处理好教学活动的多样性和适度性的关系。

5. 突出数学学科特点

作为数学学科的教学活动，数学教学活动应该突出数学学科特点，把握数学学科中固有的认识规律和教学规律。数学教师要真实、具体、细致地了解数学认识过程、数学知识体系和数学科学规律，包括注意数学语言和数学科学方法的应用，注意数学思维活动、数学实验活动的开展以及它们的相互配合，使所设计的数学教学活动始终具有数学学科的鲜明特点，为数学教学的各种既定目标服务。

6. 注重工作的实际效果

数学教学活动设计是对在教学过程中将要进行的具体活动的预先构想，比教学策略更具体。数学教学活动设计要特别注意从实际出发，讲求实效，从教学经验的积累和概括化过程中提取出来的优秀范例是教师进行数学教学设计的重要参考。同时，数学教学活动总是需要一定的外部条件，总是在一定的环境中进行。教师要注意这些条件与环境的协调，在涉及数学教学活动时，要充分利用环境中的积极因素和有利条件来设计数学教学，使所做工作产生实际的效果。

（二）数学教学活动设计的步骤

1. 明确数学教学活动的要素

与一般活动的要素一致，数学教学活动同样具有自己的主体、客体和媒体，自己的内容、形式和结构，以及自己的目的、过程和结果。数学教师在进行数学教学活动设计时，首先就要明确数学教学活动的各个要素。

数学教学活动中存在着复杂的主客体关系。从教师的教学来看，教师是教育者，作用于受教育者，教师是主体。从学生的学习来看，学生是通过教师、教材来认识世界，因而学生是主体，教师是客体。因此，教学活动中的主客体关系，首先是双主体并存，并且互为客体。教师这个主体的特征是"主导"作用，要起到"主导"作用，必然要对主导的对象——学生（此时是客体）有一个全面、深刻的了解；学生这个主体的特征是"主动"作用，"主动"便是充分发挥自身的积极性，参与教学活动，其"主动"作用在很大程度上是教师"导"出来的（此时教师充当了学生这个主体认识的客观对象）。除此之外，双主体有着共同的认识客体，即教学环境中的一些因素，包括物理环境、教材内容、辅助材料和教学工具等。

教师发挥主体作用，应该对数学教材、教学媒体，特别是其主导作用的对象——学生有全面深刻的理解，从而切实参与到数学教学当中；学生发挥主体作用，应该对数学教材等因素有一定程度的认识，为了达到与教师的沟通，应该把接受教学后的反馈信息传递给教师，从而真正地参与到教学之中。

数学教学活动的主要内容包括：数学教学活动的情境设置；对学生进行学习活动的导向；学生学习数学兴趣的形成与激发；数学课程的进程展开；数学教学材料的呈现；学生感知、理解和记忆等思维活动的进行与引导；学生情感体验和行为习惯的形成；学生学习内容的整合和巩固；练习、测评和反馈；等等。数学教学活动一般表现为教师的讲授、提问、演示等配合学生的听讲、答问、观察等，学生的思考、练习、讨论等配合教师的质疑、讲评、答疑等。数学教学活动的组织形式为课堂教学，辅以课外活动、个别辅导、家庭作业等。数学教学活动的目的是向学生传授现代数学知识，培养学生数学思维和数学能力，构建学生的数学知识结构和心理结构，陶冶美好的情操和形成正确的行为习惯等。数学教学活动的过程应该体现出教学双方的主动性、积极性和互动性，体现出教学的程序性和多样性，其结果是要达到数学教学目标所要求的各项指标。

2. 优选数学教学方法

数学教学活动内容是进行数学能力训练的素材和载体，组织数学教学活动的内容是指围绕数学课堂教学目标，考虑数学教学内容的各项安排，优选教学方法和教学媒体，进行教学过程的设计等。通常的数学教材内容已经具有严密的逻辑性和系统性，可以按照教材的编制顺序进行教学组织工作，也可以根据实际情况，打乱教材的原有顺序，重新安排教学内容。组织数学教材时要注意逻辑系统并且要求突出重点；注意启发学生的积极性和培养学生的逻辑思维；注意联系学生已有的知识；注意突破难点。优选数学教学方法时，应该仔细比较已有方法的优劣，优先采用那些理论与实际结合紧密的方法，注意教学媒体采用上的适时适度原则，做到既发挥教学媒体在课堂教学中的高效率，又避免对教学媒体的过度依赖和学生被动心理的形成。

当有关数学教学活动的材料准备好了以后，就可以进入数学课堂教学结构设计阶段。按时间序列可以将课划分为课的开始、课的发展与高潮和课的结尾，这种划分适合于任何一种课型。课的开始，重要的是向学生明示一节课的学习目标和学习要求，帮助他们做好准备。课的发展与高潮部分是一节课的核心，教学目标的完成与教学质量的高低关键在这部分，所以课的开始和课的结尾都要紧密围绕课的发展与高潮来进行。在课的结尾部分，要使学生对学到的知识加以归纳、概括，重点强化，加深理解和记忆，便于与下节课更好地衔接起来。在此过程中，可以穿插问题设计，一个有意义的问题将对提高教学效果起到事半功倍的作用。创设多种问题情境，可以极大地调动学生的学习积极性，使课堂教学高潮迭起。同时，不要忽视课堂练习和作业设计、板书设计。课堂练习和作业的设计主要考查学生对刚学过的数学知识的掌握情况，起到及时反馈、巩固所学知识的作用；而课堂教学的板书是教师教学思维的文字表达形式，它既可以弥补语言表达的不足，又可达到形象直观的效果。

3. 编排数学教学活动顺序

编排数学教学活动顺序是数学教学活动设计的重点，其主要任务在于确定数学教学活动中工作的进程。首先要确定数学教学活动的工作步骤，其次要确定各个步骤中的工作内容与方式方法，最后还要确定各个工作步骤的时间顺序。数学教学活动顺序的制定应该依据数学教学目标及数学教材，进一步确定教学活动中教学双方工作进程的时态系列，从而引导师生双方在不同的教学时间内去完成既定的教学任务。数学教学活动顺序的编排在于规范数学教学活动中学生心理结构的构建过程，因而数学教学活动的步骤、内容、方式、方法及时序均要遵循所要构建的学生心理结构的本性及其形成、发展的学习规律。知识、技能与社会规范的接受，虽有共同的规律，但也有自身的特殊性。因此，应该结合数学学科的特点编排数学教学活动的顺序，区别对待以知识、技能和社会规范为主的课题内容，按照各自的教学规律进行优化教学。我国教师在长期教学工作中总结出来的许多行之有效的教学经验和原则，可以在教学活动顺序的编排中加以灵活运用。例如，课堂教学环节和过程问题，一般认为可分为组织教学、复习后引入新课、讲授新课、巩固新课、布置作业等环节。在讲授新课环节中，要传授数学知识，但传授知识的目的在于使学生掌握数学科学方法和培养思维能力，故可以引入各种创造性教学的过程，使教师的创造性得以充分发挥，使同样的教学内容产生不同的教学效果。当然，数学教学活动顺序的编排要落实到具体的教案中。教案对于有数学教学经验的教师来说可以从简，也可以根据实际情况用课堂教学活动结构流程图表示；对于新教师来说，则应该十分明确地将数学教学活动的顺序用文字和图表详细地表述出来，以便在备课和教学过程中随时参考。

四、数学教学策略设计

（一）数学教学策略

1. 数学教学策略的定义

数学教学策略是数学教学设计的有机组成部分，是在特定数学教学情境中为完成数学教学目标和适应学生学习的需要而做出的教学规划和采取的教学措施。它包括三层意思：第一，数学教学策略从属于数学教学设计，确定和选择数学教学策略是数学教学设计的任务之一；第二，数学教学策略的制定以特定的教学目标和教学对象为依据；第三，数学教学策略既有观念驱动功能，又有实践操作功能。

2. 数学教学策略的层次

数学教学策略因其不同的概括程度可以被纳入不同的层次。高层次的数学教学策略是对低层次数学教学策略的概括，活动范围较大。低层次数学教学策略是高层次数学教学策略的具体化，它体现和蕴含着高层次策略，活动范围较小。

高层次数学教学策略与数学教学思想直接相关，它体现着教师对数学教学方针、教学目标以及教学理论和方法体系的认识，表现为比较概括和稳定的教学原则和活动规则。因此，可以把教学思想及其原则体系看作最高层次的教学策略。

中层次的数学教学策略是从数学教学实践中提炼、升华而形成的教学方式，是一系列规范的、概括的数学活动规则的集合，符合数学教学模式的一般特点。此时，可以把数学教学模式解释为教学策略，认为数学教学模式是为完成特定的教学目标而设计的、具有规定性的教学策略。中层次的数学教学策略是对具体教学实践的概括，但其概括程度低于数学教学思想。

低层次数学教学策略是具体的教学策略，又称为教学思路。其通用性较差，操作性、技巧性较强。在数学教学策略设计中，低层次的数学教学策略是在数学教学思想指导下，根据具体的数学教学目标、教学任务、学习起点和其他教学条件，运用数学教学模式进行教学策略设计的结果。

（二）数学教学策略的设计

1. 制约数学教学策略设计的因素

因数学教学策略包括对数学教学内容、教学过程的安排，以及对数学教学方法、活动形式的选择等，故进行数学教学策略设计时，就会受到这些因素的相应制约。此外，教师的教学技能、技巧、教学经验，以及学生已有的知识储备和认知水平都制约着数学教学策略的设计。这些因素的组合方式复杂多变，导致数学教学策略的设计任务比较艰巨。

2. 有效的数学教学策略设计

有效的数学教学策略既能完成数学教学目标，又能保持和增强学生的学习积极性。因制约数学教学策略设计的因素既来自数学教学本身，也来自教师和学生，故有效的数学教学策略的设计主要依据教师对数学教学目标的正确掌握，对学生情况的充分了解和对教学理论、方法、技能和技巧的熟练运用。

3. 数学教学策略的设计要求

（1）对数学教学的指向性

所设计的数学教学策略应该组织一定的教学行为，指向特定的数学教学目标和教学活动。在数学教学过程中，首先要确定教学目标，然后再选择适合的教学策略，通过一定的教学方法进行教学活动，以便最终达到教学目标。数学教学策略与数学教学方法联系紧密，它规定和支配着教学方法的选择，使教学方法更适合达到教学目标。

（2）结构功能的整合性

所设计的数学教学策略应该具有结构功能上的整合性。在选择和制定数学教学策略时，要体现教学策略构成的组合特征，要求教师针对具体的教学需求和条件，对影响教学策略构成的教学内容、方法、步骤、媒体和组织形式等进行综合考虑，组成符合教学目的要求的最佳教学行为。发挥数学教学策略作用时，强调有效教学策略应该由具体教学方式、措施优化组合，合理组建，使多种数学教学策略能够协调作用，发挥出整体优势。

（3）教学策略的可操作性

所设计的数学教学策略应该是可操作的。数学教学策略既不同于抽象的数学教学原则，也不同于在某种教学思想指导下构筑起来的数学教学模式，而是供教师在教学中参照执行或操作的教学规划或措施。它有着较明确具体的内容，是教学活动具体化、行为化的基本依据，不同于只发挥指导和规范作用的数学教学原则和教学模式。因此，虽然数学教学策略对某种具体教学行为具有指导性，但它的可操作性应该是其本质特征之一。

（4）对问题解决的启发性

所设计的数学教学策略应该能启发问题解决。数学教学策略往往是与数学问题解决相联系的，即数学教学策略带有问题解决的经验性倾向。这是操作者在问题解决过程中一系列行为活动所遗留下来的痕迹。当操作者处于新的问题解决过程中时，会受到这种经验性倾向的影响。因此，在设计数学教学策略时，教师应主动利用这一影响，去组织解决教学问题的最佳策略途径和方式，从而有效地完成设计工作。

（5）教学策略的灵活性

所设计的数学教学策略应该具有灵活性。在选择和制定数学教学策略时，应该根据不同的教学目标、内容和任务的要求，参照不同学生的初始状态，将最适合的教学方法、教学媒体和教学组织形式组合起来，保证教学活动能达到既定的数学教学目标。同时，已经制定好的数学教学策略在运用时，应能够随着教学情境（目标、内容、对象）的变化做出相应的改变。教学策略只有依据数学教学的实际状况灵活变化，才能始终在教学中发挥出最佳的作用。

4. 数学教学策略的设计要点

数学教学策略的设计是一件较为复杂的系统工作，原因在于影响数学教学策略形成的因素不仅错综复杂，而且不易把握。以下是一些数学教学策略的设计要点，可以为一般数学教学策略设计提供参考。

（1）教学准备策略的设计

教学准备是指教师依据教学目标，钻研教材、组织教材、选择教法以及了解学生、制订教学计划的过程。数学教学准备策略的设计就是回答采用何种活动方式或行为措施来准确、高效地完成数学教学的准备工作的问题。对数学教学准备策略的设计包括对制定数学教学目标的策略、确定数学教学内容的策略、分析学生知识背景的策略、编制数学教学计划的策略等的设计。

（2）教学实施策略的设计

教学实施是教学意图得以贯彻、教学目标得以达成的过程。数学教学实施的策略设计要求教师在数学教学过程中，懂得把教学内容同学生的认知结构联系起来并帮助他们组织所学习的材料；懂得从学生的实际出发，采用大量的具体例子，以归纳的方式使学生形成概念；懂得以学生认知结构为依据，用定义的形式解释概念，最终使学生理解掌握概念。

（3）因材施教策略的设计

因材施教是指教学要适应学生的身心特点。数学教学的因材施教策略的设计要求教师针对学生的年龄差异、能力差异、认知方式的不同，分别采取相应的教学策略。

（4）教学监控策略的设计

教学监控是指在教学活动中为保证达到教学目标而对教学过程进行的检测、评价、反馈和调控。数学教学的监控策略设计要求教师在四个方面考虑教学监控策略的确定，它们分别是主体自控策略、课堂互动策略、教学反馈策略和现场指导策略。主体自控策略是指教师依据教学目的和教学主体的状况，积极促使教学主体进行自我控制的方式方法，包括主体（教与学双主体）动机水平的提高、主体自我意识的增强、学生主体元认知监控水平的提高策略设计等。课堂互动策略是指教师有意识地建立规范的、和谐的、多向的交往与合作的课堂互动环境。教学反馈策略是指运用多种反馈渠道，将教学的情况反馈给教师或学生，以便及时地修正教学。现场指导策略是指根据不同的教学情境、学生学习状态，选择最佳教学方法，达到最佳教学效果。

五、数学教学媒体设计

（一）数学教学媒体

1. 数学教学媒体及其特点

（1）数学教学媒体

媒体也称媒介。美国教育心理学家加涅认为，在教学背景中所用的"媒介"这个术语，意味着用来向学生提供交流或教学刺激的事物组合或事物系统。媒体本身是各种事物的组合和事物系统。教学媒体指任何用来传递知识的通信手段。

数学教学媒体是数学教学过程中用于负载数学教育信息，以便实现经验传递、知识传播和技能培养的物质手段或工具。数学教学媒体是数学教学的基本要素之一，数学教学活动离不开一定的媒体支持。

（2）数学教学媒体的特点

依据数学教学媒体的定义，可以得出数学教学媒体具有两个特点：第一，数学教学媒体作为传递经验的物质手段，具有一定的物质形式。在数学教学过程中用以传递信息的媒体可以是多种多样的，既可以是一种简单的声波或光波，也可以是一种极为复杂的仪器设施。但作为数学教学媒体，必须是能作用于人，使学生能对其作用产生能动反应的事物，是具有一定物质形式的客体。第二，数学教学媒体区别于信息媒体而存在。数学教学媒体与信息媒体都是传播过程中传递方与接受方之间的联系物，都是信息的载体。但是，数学教学媒体与信息媒体之间又存在非常重要的区别，信息可以通过单向性的媒体进行传播，而教学必定需要传播者和接受者之间的双向性的传播。

2. 数学教学媒体的分类

关于数学教学媒体的种类很多，下面仅介绍两种分类。

第一，依据教学媒体作用的感觉通道，可以把数学教学媒体分为四类：①非投影视觉辅助，包括黑板、模型、实物等；②投影视觉辅助，包括幻灯机、投影仪及其辅助设备；③听觉辅助，如录音机、放音机、收音机等；④视听辅助，包括电影、电视和录像等。

第二，依据巴甫洛夫两种信号系统学说，可以把数学教学媒体分为两类：①非言语媒体。非言语媒体是直接的刺激物，属于现实的第一信号系统，包括实物、实验装置、实验现象、图表以及身体动作和表情动作等。非言语系统媒体所负载的是现实事物现象的具体经验和具体信息。依据巴甫洛夫两种信号系统学说，这类媒体属于现实的"第一信号系统"，有别于"第二信号系统"。通过这种非言语媒体，人们可以传递对各种具体事物的感性的和具体的经验。从这类媒体所负载的信息量来说，其投入相对较小，因而获取信息的加工相对较简便，要求的条件较少。②言语媒体。言语媒体以言语负载教学内容，属于第二信号系统，包括口头语言以及书籍、讲义、板书等文字材料。言语系统媒体区别于非言语系统媒体而存在，所负载的是现实事物现象的抽象经验或抽象信息。这类媒体属于现实的"第二信号系统"。由于词语及第二信号系统是现实的第一信号系统的信号，具有抽象性与概括性，因而这类媒体可以用来传递人们对现实理性的和抽象的经验。由于言语系统的媒体可以作为非言语系统的媒体的信号，因而其信息的负荷量不受非言语系统媒体的局限，包容性相对较大，获取信息的过程相对繁杂，要求的条件较多。

（二）数学教学媒体的选择

1. 影响数学教学媒体选择的因素

（1）数学教学任务

数学教学任务包括数学教学目标、数学学习内容和数学技能培养等因素。一定的媒体对一定的数学教学活动要达到的预期目标有着显著和独到的作用。

（2）学生身心特征

学生的身心特征是数学教学媒体选择中应该考虑的因素，因为学生的年龄、智力特点、认知结构、学习经验和动机兴趣等对数学教学中媒体的选择有一定的制约作用。例如：一个有经验的数学教师在为低年级学生进行数学语言课教学时，往往借助录像、实物模型等，使学生感受到数学与工农业、实际生活密切相关，以激发他们学习数学的兴趣；而当学生对数学已有一定的基础知识和技能时，则可以采用幻灯片来提供一连串的、可随意翻看的静态画面，帮助学生进行复习或记忆。幻灯机的好处在于能使教师与学生之间始终保持交流，能面对呈现材料进行学习，教师可以一边观察学生反应，一边加以指导。可见，学生的年龄、学习兴趣、学习经验等身心特征不同，选择的教学媒体也应不同。一般认为，与学生的年龄、兴趣、实际经验等相匹配的媒体可以为教学提供更多的帮助。

（3）教学管理

选择数学教学媒体时要考虑的因素还有数学教学管理，包括教学规模、教师能力、教学安排等。从教学环境和教学效果两方面考虑，大班教学、小组教学和个别教学所使用的教学媒体是不同的。选择数学教学媒体往往受到教师素质和教学安排等因素的影响，这是因为现代视听教学媒体所展示的材料不仅形象，而且生动，对激发学生的学习动机、调动其学习积极性有独到的功效。但若在教学中对所用媒体管理不善，则会适得其反，无法使教学达到应有的效果。因此，选择使用教学媒体需要有周密安排的课堂教学，要求教师有及时获取、处理反馈信息和控制教学进程的能力。

（4）经济因素和媒体自身特点及其使用

能否选出一种适宜可行的数学教学媒体，还受到经济因素、媒体自身特点及其使用等一些实践性因素的制约。数学教学媒体的选择应该考虑经济因素。有学者认为，如果用较便宜的教学媒体上课的效果与使用价格高的教学媒体一样好，就不要用价格高的媒体。同时，也要考虑一些有关媒体自身和使用上的因素，如媒体资源、媒体功能、操作情况、媒体组合性、媒体灵活性、媒体质量和使用环境等。

2. 数学教学媒体选择的程序

数学教学媒体的选择受许多因素的制约，可以有多种不同选择，但一般来讲可分为以下几步。

第一步，了解数学教学目标、教师和学生的特点，包括：数学教学目标和每一项教学目标所属的学习类型（如智力技能、言语信息、认知策略、运动技能或态度）；教师的教学水平，如备课讲课水平、课堂调控水平和测验讲评水平等；学生的学习能力，如阅读能力、观察能力和理解能力等。

第二步，确定最合适的数学教学组织形式和经验习得方式，包括：确定最适合数学学习目标和学生特点的数学教学组织形式（集体授课、个别化教学及小组内的师生相互作用）；确定最适合学习目标和上述某种教学组织形式的经验习得方式（直接亲身的经验习得、词语与印刷文字表达的抽象经验习得及非词语的媒体经验习得）；罗列出当习得经验经非印刷媒体传递时数学教学媒体应该具有的特点。

第三步，根据以上步骤的工作，转入某一合适的流程选择图。这种流程图类似于计算机编程所采用的流程图：用一些框图、箭头、线段和逻辑选择，将问题的提出、解决的途径和结果都尽可能全面和清晰地展示出来。通过流程图，我们的选择通常被导向一种或一组适合的媒体。例如，选择被导向一处"静止画面"媒体，则框内可有照片、幻灯片和投影片等媒体，下一步再对这三种媒体做最后的确定。

第四步，这一步将重点考虑数学教学媒体的使用和经济等因素，这可用"二维表"来完成：一维为选出的三种媒体——照片、幻灯片和投影片；另一维为必须考虑的因素，将三种媒体与任一因素进行比较，得出不同级别的选择，从中可得出最需要的教学媒体，再综合经济因素、教师的喜好和市场供货情况等做出最后的选择。

（三）数学教学媒体的优化组合

通常，在课堂教学过程中，数学教学的各种媒体并不单一地起作用。由于不同媒体具备不同的特点，各自都有自己的适应性和局限性，故在可能的条件下，数学教学应该尽可能地采用多媒体组合方式进行教学，以使各种媒体能扬长避短地工作。当采用多媒体教学时，存在媒体的优化组合问题。只有把多种数学教学媒体有机地组合起来，发挥各自的功能去传递不同性质的教学内容，才能取得预期的教学效果。

显然，数学教学多媒体的优化组合应用是为了取得数学教学的优化效果，但这种优化组合发挥出应有作用是有前提条件的。研究表明，在不同感觉通道中呈示的信息在信息有联系的情况下，同时给予两种感觉通道的刺激会提高学习效果。但如果信息量给得太多且超过一定冗余度，这时用双通道呈示的信息还不如用单通道呈示的效果好。因此，采用多媒体组合教学时，要注意：①不同通道传递的信息要一致或有一定的联系，避免相互干扰；②不同通道传递的信息并不是越多越好，单位时间内的传递信息量不要超过学生的接受能力。

（四）数学教学媒体设计的主要内容

1. 数学教学语言的设计

语言是思维的物质外壳，思维的内容主要通过语言表达。同时，语言又是信息传输的最重要的载体。在数学教学中，教师阐明教材内容、传授知识、组织练习、激发学生的学习积极性等一切课堂活动所用的语言就是数学教学语言。数学教学语言设计应该包括：①采用规范的普通话，不用方言教学；②注意发音和语调的适度，力求吐字清楚、音量适中、语速适宜和语调和谐；③注意语言的可信度和有效性，要使采用的语言贴近学生的年龄、接受程度，避免不真实、不可信的成分，并要富有情趣；④贮备一定量的基本思维表达词汇用于教学，选择大量正确、规范和生动的词汇丰富基本教学语言词库。同时，数学教学中，对于一些抽象的概念和复杂的观念，采用简单明了的短语表达可以将其意义迅速提炼出来，使学生对这些知识内容有更加明确和清晰的了解。正确采用数学用语，有助于数学教学的有效进行，发展学生的记忆力和抽象思维能力。

2. 数学教学板书（板画）设计

板书（包括板画）是在教学过程中利用黑板、白板、磁性板等教学板，以精练的文字、图解和符号传递教学信息，使学生更好地感知教学内容的行为方式。

板书是一种重要的教学手段，是课堂教学的有机组成部分。以黑板和粉笔为教具，简便易行并且可操作性强。板书可以体现教学意图，帮助教师表达讲课的程序和内容结构；可以促使教师深入钻研教材，提高思维能力和表达能力，弥补口头语言的不足；可以概括教学内容，引导和控制学生思路，使知识系统化、条理化。通过板书（板画）可以突出知识点、线、纲之间的关系，使知识结构明朗化。板书能强化直观效果，加深印象，强化记忆。好的板书可帮助学生理解教学内容，抓住重点、突破难点、掌握关键，向学生提供书写和运用数学用语、规范解题格式和绘制图表等的正确示范，增进教学效果；能帮助学生掌握教学思路，提高逻辑思维能力；能加强教学的直观性，吸引学生的注意力，增强学生的记忆力、理解力，有利于思维训练；有利于锻炼学生的笔记能力、表达能力；有利于学生课后复习和理解、巩固新课内容。此外，板书也是评价教师课堂教学质量的一个重要方面。

数学课堂教学中的板书包括正板书和副板书两部分。正板书包含相对固定的板书内容，体现的是数学课堂教学的意图。正板书能形成比较完整的体系，被书写在黑板的显著位置并尽量保留。副板书包含临时性、多变性的板书内容，主要帮助学生听讲，充当正板书的辅助和补充内容。它们一般不长时间保留，书写位置没有严格的要求，但也要做到有计划地书写，保留时间恰当，整体版面布局合理。

板书的内容有：①课题名称、授课提纲，包括研究问题的思路、步骤、知识的系统结构等；②教学要点和重点，包括重要的定义、原理、规律、符号、数据、性质、制法、用途、方法、结论、注意点和学习要求等；③补充材料和其他内容，包括图表、例证，以及为了帮助学生听清、听懂而做出的文字解释、说明、提示、图示和生僻字词等。其重点和详略常常因教学内容、教学方法、教师的教学风格和学生的接受水平而定。

板书内容应该是教师教学的重点内容或主要内容，应能理清教材的系统，体现知识结构，但不能变成课文摘要或内容缩写，否则将使学生忙于抄写板书，影响学生听课效果，从而失去板书的意义。

板书主要包括以下几种设计形式。

（1）纲要式板书：用于表示教学内容的结构、组成、顺序以及有关要点等的板书。

（2）图表式板书：用于示意图、比较表等内容的板书。

（3）思维式板书：用于表示思维、运算过程的板书。

（4）综合式板书：综合运用各种板书形式进行的板书设计。

板书的布局设计是比较重要的问题。简洁、鲜明、引人入胜的板书一般采取的布局策略包括：正板书居中，副板书两侧；正板书长留，副板书临时；重点板书内容重点标出，非重点板书内容简单带过。

3．数学多媒体课件设计

为满足计算机辅助教学的需要，根据数学教学目标，用于数学课程教学的多媒体程序软件称为数学多媒体课件。它是数学教学内容、教学方法和课程设计技巧的有机结合体，通常以磁盘为存储载体。通过多媒体课件的使用，计算机辅助数学教学系统能在一定程度上代替数学教师向学生呈现学习材料和问题，对学生的问题进行评定、诊断、反馈、提示和指导，跟踪、记录学习情况并进行分析，做出教学决策，调整、调控教学过程等。

（1）数学多媒体课件的规划

数学多媒体课件的规划包括：拟定数学多媒体课件的编制目的、教学内容、教学目标、教学要求及其结构方式；明确课件的适用对象、适用范围和支撑环境；编写或者选择适当的数学教材。

（2）数学多媒体课件的设计

数学多媒体课件的设计包括确定各节的教学模式、课件类型、教学方法和教学策略；根据教学内容要素划分教学单元；确定各单元向学生传输的学习内容、应提出的问题、可能的应答反应；确定对应答反应如何判断、反馈以及转移控制的结构；根据课件的支持环境选择适宜的信息输入方式；通过对原始教材的再创造编制出数学多媒体设计的流程框图。

（3）数学多媒体课件的输出设计

为了提高信息传送效率，要确定适当的信息表示形式（如文字、图像、声音等）。显示器是最主要的输出设备，根据它的显示特点可以精心设计信息的显示位置、显示技巧，画出附有注释说明的屏幕设计图系列。

（4）数学多媒体课件的程序编制和调试

通过所设计的程序框图，用适当的程序设计语言编写各单元的程序，并在计算机上初步调试，然后把各单元程序组接成课件，再进行整体调试。

（5）数学多媒体课件的试用、修改和维护

在适当的班级或其他教学单位中试用所编制的数学多媒体课件，了解试用的情况，针对发现的问题进行修改和日常工作的维护。

第四节　数学课堂教学设计的问题及改进措施

一、课堂教学设计存在的问题

（一）教学设计过分依赖行为描述

传统教学受行为主义心理学的影响是很深刻的。一直都存在着以结果为中心的教学观：只注意了解学生学习知识时的外部行为，将是否记住了书本知识和会做题作为学生学习效果的衡量标准，而不去探查这些行为所反映的内部心理机制及其形成条件；在教学设计方法中较多强调对学习成果外部行为的描述。虽然这是对教学进行系统评价和反馈评价结果所必需的，但在诸如学习将使内部心理机制发生怎样的变化，以及通过哪些行为才能正确推测学生内部心理机制的变化等问题还没有得到圆满解决之前，过分强调这一点会使效果适得其反。受这一类思想的影响，教学设计也存在着注重采用行为目标的具体表述和系统分析方法的不良现象。

（二）教学目标设计中的"知识结果中心"

20 世纪 60 年代以前，在心理学对什么是知识、什么是技能以及知识怎样转化为智力和技能等基本问题没做系统研究时，教育界对它们都只进行哲学性和常识性的解释。而行为主义心理学也不主张对内部心理机制的推测，只注重外部刺激如何能引起所希望的反应行为。沿袭这种认识，目前对教学目的的设计通常是对学科知识内容的规定和对知识掌握程度的概括性描述，注重在教学目标的可观测性、可评价性方面的改进，并没有彻底解决在目标描述中从哪些行为可推测出学生内部心理及其变化的实质性问题，所以，在目标分析中还不能像描述知识掌握那样明确体现能力素质的培养目标。在教学设计中忽视学习理论在教学设计中的应用问题，对学生获取学习成果的能力结构和获取知识技能的学习机制缺乏深入研究。这种"知识结果中心"观，在目前教学设计实践中仍有较大的影响。

（三）学习内容分析中的"教材中心"

以知识结果为中心的教学目的观，导致在学习内容分析中的"教材中心"倾向。在传统教学中，学习内容分析被称为"教材分析"或"处理教材"。在这种分析中，通常注重分析教材知识内容的逻辑结构，而忽视了学生将如何运用原有的认知结构去学习知识的思维过程。在目前的教学设计中，由于采用了任务分析法和信息加工分析法的先进手段，使教学在遵循学习规律方面得到了很大改善。但由于受"以知识为中心"的教学目的观的影响，学习内容分析的目的仍然是为掌握知识服务的，所以在分析中忽视了在掌握知识的学习过程中应如何去发展相应学习能力的问题。提升学习能力只有在学习具体学科知识的过程中才能得到发展，因此在教授学科知识的同时，明确地将这种能力的培养也作为教学任务来完成，是当前的教学设计不能回避的问题，否则将无法满足素质教育的要求。

（四）教学策略制定中的"教师中心"

传统教学"以知识为中心"的教学目的观，也导致了在教学方法上的"教师中心"。由于在教学中只注意学生是否掌握了知识的外部行为，缺乏对学生认知过程中发展何种能力的目标分析，以及为发展这种能力学生应进行怎样的认知过程的内容分析，这就不可避免地在教学方法上表现出学生认知过程中的"教师中心"倾向。在目前的教学设计实践中，由于采用了系统分析的方法，注意了从众多教改经验中选择少数可促进学生积极参与的新方法。但由于缺乏关于怎样学会思考和怎样学会学习的科学理论的指导，在教学策略的制定上仍然存在着较大的盲目性。

二、数学教学设计的改进措施

（一）加强有关现代教学理论的学习

对于数学教师来说，即使掌握了多媒体的基本知识和教学软件的设计与制作，如果没有现代教学理论为支柱，那么提高教学效率仍然是空谈。因此，教师应加强对教学理论的基本概念以及行为主义学习理论、认知学习理论、人本主义学习理论等现代教学理论的学习。

（二）增加学生的探索性实验

从 20 世纪中叶开始，世界各国开展了一场旨在提高理科教学质量的理科教育现代化运动，使实验探索教学思想有了迅速的发展。该思想主张让学生通过自主参与知识获得的过程，掌握科学研究所必须具备的科学方法，探索性地获得科学概念并逐步形成探究能力和科学态度。这种思想不仅强调自主性、探究性、观察和实验等科学方法，而且强调科学概念的掌握、探索能力的形成和科学态度的培养，注重运用观察、实验等科学方法展开探索过程，这与今天我们所倡导的素质教育思想是一致的。

（三）鼓励学生积极思维

在教学设计中，教师要善于创设矛盾情境，让学生在学习过程中发现这些矛盾，鼓励学生大胆质疑，在学生不懈的探索中引导他们正确运用已有的知识，同时不断渗透新知识，使学生在接受、运用知识的同时不断质疑，这有助于激发学生强烈的探究欲望。

（四）调动师生两方面的积极性

在课堂教学设计中，教师要调动一切可以调动的因素，以便创造温馨、和谐、平等的课堂氛围。只有这样，才能充分调动学生学习的主动性，培养他们大胆探索、主动质疑的能力。如果课堂氛围死气沉沉，无疑会给学生一种压抑感，使学生失去主动思维、主动质疑的可能性，从而制约学生能力的发展。由于发展的不平衡，学生在课堂上往往会提出一些简单的问题，这时作为一名教师，要对提问的学生进行鼓励，同时要积极引导，激活他们的思维，让他们提出更深层次的问题。

（五）利用恰当的比喻

教材的难点、重点往往是学生感到学习困难的所在。从学生对学习的需要看，他们往往想弄明白所学知识的来龙去脉，但一时又由于知识间的跨度而难以满足这种需要。教师在教学设计时应充分考虑到这种情况，以便在教学中抓住时机，启发学生主动质疑，并借助形象的比喻，使学生在渐进的探索中找到答案。

（六）设置学生认知上的冲突

在学习过程中，一些类似知识之间相互影响，导致学生在理解某些知识时有困难。教师可以利用学生在认识上的含糊点来设置认知冲突，使学生澄清认识、厘清思路。

第四章

初中数学教学模式

数学教学有其独特的模式，并且其模式类型多样，这就需要单独地对数学教学模式进行系统性研究，以便教学设计更有针对性。

第一节　数学教学模式的内涵

什么是数学教学模式？数学教学模式的特征有哪些？数学教学模式有哪些类型？数学教学模式选择的依据有哪些？这些都是我们在对数学教学模式进行研究的过程中首先需要辨明的几个基本问题。

一、模式的概念

模式的基本解释为事物的标准样式，是对事物在某一特定方面所体现出来的共同特征或规律的反应，具有普遍适应性，是一种规范化体系。它标志事物间隐藏的规律关系，并且这些事物既可以是图像、图案，也可以是数字、抽象的关系，甚至思维的方式。模式强调的是形式上的规律，既可以是图形变化规律，也可以是具体操作流程，还可以是经验的积累与升华。具体来说，就是从不断重复出现的事件中发现和抽象出规律，得到对相似问题的处理办法，最终形成相对稳定的规则、流程。一再重复出现的事物或事件就可能存在某种模式。如管理模式，即管理者在一定经验基础上针对被管理者所制定的稳定化管理规则与操作流程，反复运用于管理活动中，是管理对象自觉遵守的规则。模式的形成是一种认识论意义上的确定思维方式上升为理论层面的过程，是人们对在生产生活实践中通过积累而得到的经验进行抽象和升华的过程。

模式是把解决某类问题的方法总结、归纳到理论高度，是解决某一类问题的方法论。方法是指为达到某种目的或完成某项任务而采取的途径、手段。模式是对方法的抽象，形成结构化的步骤与程序，与方法既有联系又有区别。从实践出发，通过归纳概括，可提出各种模式，模式经实证后即有可能形成理论。同样，从理论出发，经演绎分析，可提出各种合理化模式，促进实践发展。模式是问题解决的一般步骤或形式化的策略，但不等同于形式。狭义的形式指事物的样子和构造，后延伸为事物内在要素的结构或表现方式；广义上包括方式、方法。模式则是高度概括化的形式，一般适用于反复出现的事件。

二、教学模式

教学模式是在一定的教学理论与教学思想基础上形成的相对稳定的结构化的教学程序，是教师在长期教学实践中逐步形成的。教学模式理论研究始于 1972 年乔伊斯和威尔《教学模式论》的出版，他们认为教学模式就是创造教学环境的方法，包括教学内容、方法、设施等环境，是教师进行教学活动的程序或计划依据。我国关于教学模式的研究始于 20 世纪 80 年代以后，主要包括以下几种观点。

（1）教学模式结构说：教学模式是在教学理论指导下形成的各类教学活动基本框架结构，具有固定的结构体系。

（2）教学模式程序说：教学模式是为完成教学任务所提出的稳定性教学程序及实施策略的综合，能为教师教学提供程序化步骤。

（3）教学模式方法论说：教学模式是教学内容、教学目标、教学过程、教学环境等教学体系顺利进行的一般方法，经教学实践反复证实，上升至理论化的教学方法，是对多种教学方法的综合体现与最优选择。

除上述三种主流观点外，教学模式还包括过程说、样式说、形式说等。综合教学模式相关研究，教学模式是教师为完成教学目标，在教学理论与学习理论的指导下，经历教学实践检验积累而成的稳定的、程序化的教学结构体系，可操作性强，是理论与实践的有效结合。

教学方法是师生为了实现共同的教学目标，完成共同的教学任务，在教学过程中运用的方式和手段的总称，既包括教的方法，也包括学的方法。教学方法是师生互动的方式与措施，是教学策略与教学模式的具体化。教学方法经抽象、提炼、反复验证，上升至理论高度，在总结经验的基础上形成的独立化、程序化、稳定的教学结构体系即教学模式。一种教学方法可以通过多种不同的教学模式加以实现，而一种教学模式的构建又体现出多种教学方法的理论与思想。教学模式相对于教学方法是一个大的概念，它包括教学的方式、方法与程序步骤，同时也体现了模式的理论依据与指导思想。

三、数学教学模式

模式论的数学观认为，数学是模式的科学。自然，数学教学也应具有一定的模式、规律与方法，但数学教学模式并不等同于数学教学的方法，二者是既有联系又有区别的关系。数学教学模式与数学教学方法的共同点主要体现在，数学教学模式的构建过程和应用过程与数学教学方法有着本质性的联系，模式是对方法、思想等的容纳与概括，数学教学方法涵盖于数学教学模式之中，是数学教学模式必要的内涵。

数学教学模式是指在某种教学思想与教学原理的指导下，围绕特定的数学教学目标而形成的相对稳定的规范化教学程序与操作体系。由于数学课堂特定的环境以及数学学科内容抽象等特点，传统数学课堂教学主要由情境创设、新知导入、学习新知、总结归纳、练习反馈这五个环节构成。在新知导入与学习新知部分，如果教师是采用讲练结合的方式进行，则称之为讲练结合教学模式；若是以探究形式进行的教学，则称之为引导探究教学模式；等等。无论是哪一种教学模式，都有其特定的教学程序与操作体系，是数学教学理论与实际数学课堂教学的中介。

数学教学模式的本质就是将教学理论运用于数学课堂教学实践中所形成的一种规范化的体系，有着一定的规律并具有普遍适用性。数学教学理论是对数学教学实践进行研究而得到的系统化的思想与理论观点，是对数学学科的特点、学生学习数学的特点及学生学习数学的心理特点等的研究，为数学教学模式的形成奠定了理论基础。而数学教学模式是教师在课堂实践教学中，受已有观念和理论影响，采用某种教学方法和手段，最后在实践中归纳总结、寻找规律，最终得出的一种相对稳定的教学程序。

四、数学教学模式的特征及类型

数学是研究数量关系与空间形式的一门学科，具有高度抽象性、逻辑严谨性、应用广泛等特点。在我国，数学教学一直突出具体的知识性目标，结合数学本身具有的严谨性与抽象性，可以通过教学培养学生严谨的逻辑思维与抽象的概括能力，这是学生学习成长过程中必须习得的一项重要能力。这就要求教师在数学课堂教学活动中注重对学生归纳概括等能力的培养。由此，在数学教学模式形成后反映为数学独特的讲练结合教学模式。如系统的数学知识的传授是通过教师对教材的讲授实现的，而严谨的逻辑思维则是学生通过大量的数学习题练习而培养起来的。

在课堂教学中，由于教学对象、教学内容以及教师的教学风格不同，教学模式也不尽相同。随着教学理念的不断完善与发展，数学教学模式也在不断发展。

目前，教学模式类型众多，但大体上可分为四类：社会互动模式、信息加工教学模式、个人教学模式、行为系统型教学模式。随着现代信息技术的发展，现代教学模式在继承和发展传统的教学模式的基础上，由单一化向多元化发展。实际教学中，教学模式的运用没有必须遵循的步骤，也不存在唯一正确的教学模式，当下更提倡在课堂实践中多种教学模式互相补充，共同作用。

具体的数学教学模式主要有：我国中小学数学课堂中最常用的讲授教学模式；我国古代教育家孔子、古希腊教育家苏格拉底所倡导的"启发讨论"教学模式；建构主义理论下的支架式数学教学模式与抛锚式数学教学模式；奥苏贝尔提出的一种适合认知领域目标，促进课堂知识讲授和意义接受学习的先行组织者模式；布鲁纳倡导的发现式学习教学模式；立足减负增效的"GX"教学模式；强调教学整体知识与典型案例的教学模式；20 世纪 80 年代初，顾泠沅所提出的"诱导—尝试—归纳—变式—回授—调节"教学模式；以"贯彻数学方法论的教育方式，全面提高学生素质"的数学教育实验所产生的"MM"教学模式；主张数学教学"先试后导，先练后讲"的"尝试"教学模式；由数学学科特点发展起来的讲练结合教学模式；数学新授课"诱导探究，效果回授"教学模式；现代数学课堂常用的小组合作式教学模式；数学练习课"忆、讲、练、测"的教学模式；"章节复习、总结"教学模式；等等。

教学模式是在一定的教学理念指导下所建立的相对稳定的教学程序框架，它源于实际教学，反过来又对教学有一定的指导意义。

五、数学教学模式的选用

教学模式多种多样，每一种教学模式都有其独特的优势和不足之处，没有完美的模式，也没有完美的教学。因而数学教学模式的选用是决定学生在课堂教学实践中能否很好地获得知识，达到有效教学的关键环节。但另一方面，模式意味着设定框架，追求整齐划一。而实际上，任何教学活动都不能固定在某种或某些模式里面，运用模式很容易产生削足适履之弊。由于不同年龄段的学生的接受能力与思维发展水平不同，教师在教学模式的选择上也相应地需要考虑学生的年龄。对于小学生，数学教材提供了大量有利于学生开展观察、操作、实验、推理等活动内容和学生喜爱的活动形式，这样可以引起学生的有效学习。那么教师则需做好教前准备：现实中哪些事例、经验可以作为教学铺垫？让学生从事哪些活动可以强化对已学知识的掌握？教师可以通过语言描述、实物演示或者多媒体工具等手段创造情境，进而提出问题，让学生自主思考与探索，这是当下初中数学教学经常选用的一种教学模式。而对于思维发展已处于抽象逻辑思维的中学生而言，过于具体化的教学显得有些多余，教师需要制定适合他们年龄的教学设计。此外，根据不同的教学内容与教学目标，教师在模式选用方面也有所不同。例如，对新知的教学，教师会选用探究教学模式、讲练结合等教学模式，但是对习题课的教学，教师则要选用以学生自主练习为主的教学模式。在实际教学中，为达到教学目标、完成教学任务，教师往往会根据具体情况将多种教学模式配合进行。教学中，教师不仅需要根据学生的具体情况、教学内容、教学目标等，在已经发展成熟的教学模式中选择合适的模式教学，更应该根据实践经验和自身感悟，结合学生实际及教学内容，构建新的、有效的教学模式，以达到有效教学。

第二节　讲练结合教学模式

一、讲练结合教学模式的内涵与思想

顾名思义，讲练结合教学模式就是指在教师讲授的基础上，倡导学生积极思考，启迪学生思维，巩固练习，把教师的教（即"精讲"）与学生的学（即"巧练"）结合起来的一种教学模式。"讲"即教师精讲，是教师对教材内容、知识的讲解；"练"即通过练习巩固应用。讲练结合教学模式即教师为完成教学任务，在教学实践中为达到培养学生运用知识于实际的能力这一目的，结合数学学科特点所构建的一种教学程序。

现代教学理论的改革由教师中心转向学生主体，我们强调学生自主，但不可忽视教师在课堂教学中的引导作用与知识传授的功能。在课堂教学实践中，作为专业学科知识掌握者的教师，对学生学习有一定的指导作用，对课堂有着设定目标的导向作用，支持着学生的学习并且把握着学生思想品德的教育，为学生的发展指明方向。教师是课堂的"引桥"和"路标"。课堂教学离不开专业教师的引导，教师的讲授是在对教材及课标准确把握基础上的精讲。教师选择适当的教学内容与技巧进行讲授，对于易于失误且难以理解的知识，要有针对性地进行讲解。

课堂训练与知识讲授相结合，要求教师在课堂上设计一定的习题，配合所学定理、公式进行教学。针对所学内容，通过练习题训练学生，帮助学生深化对所学知识的理解，并且通过练习反馈可以发现学生的不足，进而改进教学方法。

讲练结合教学模式以学生为主体，是教师与学生的双边活动，体现了"生本"教育思想。讲和练的结合并不是单纯地以某一形式为主，而是既可以以讲为主，也可以以练为主，还可以讲练交替进行，形式多样，可以配合不同的教学内容有效地教学。

二、讲练结合教学模式的结构与流程

讲练结合教学模式是与当代教育思想相切合、符合素质教育要求的一种精讲精练教学模式。精讲精练的教学过程是以系统科学理论为基础、素质教育培养学生实践能力为目标的一种新型教育理念，注重教师的启发、引导和学生的实践、创新，强调对学生数学知识与基本技能的培养。其主要流程如下：

第一，引导探究。引导探究是教师为了激发学生的学习动机、提高教学效率而进行的导学与学生自主探究、解决问题的过程。引导，重视教师对学生的启发诱导；探究，注重在学习过程中的方法指导。

第二，精讲精练。精讲是教师在学生探索发现的基础上，对教学任务中的重点知识与学生探索中难以解决的问题进行集体点拨讲授，在突出重难点教学的同时，为学生提供更多的思维训练过程。精练是教师在统揽教学任务与课标要求的基础上，把握关键，精心选择典型题目，有针对性地进行教学。

第三，知识拓展。拓展是在精练之后，教师根据学生在课堂中所学知识与技能进行适当拓展，帮助学生丰富原有知识结构，开阔学生思维，增强学生的数学解题能力。

三、讲练结合教学模式的应用

讲练结合教学模式的构建需要教师具备较高的专业素养及一定的知识储备。讲练结合教学模式中教师的讲是精讲，要求教师在通读教材、资料的基础上，深刻理解教材编写意图与课标要求，把握何为重点、何为难点，准确地选择出需要精讲的内容。教学活动为教师与学生的双边活动，学生是课堂学习的主体，教师应在把握教材的基础上，了解学生的心理年龄、特征以及学生已有的知识储备等，为找到最近发展区做准备，以便更好地设计教学，选择合适的问题。

从讲练结合教学模式的构建过程中可以看到，讲练结合教学模式的特点如下：

第一，师生双边活动。讲练结合的数学教学课堂突出体现了教师的教（精讲过程）与学生的学（课堂训练过程）这一双边活动，充分体现了教师的主导作用以及学生的主体地位。

第二，成效高。讲练结合的教学模式中，课堂中讲为练所用，练体现讲的效果，讲与练紧密结合。练习能够及时地为教师反馈教学效果，学生对数学概念的理解、对公式的掌握通过练习得以实现。

第三，边讲边练，讲练穿插交替进行。数学教学中的讲练结合教学模式并不是教师讲授完学生单独训练，而是将内容以问题等形式在讲授中穿插进行，以问题的讲解和解决为驱动。

第四，所教知识易于掌握。讲练结合教学模式在设计教学时就要求教师分析教材，准确把握教材重难点，进行针对性教学。讲练结合教学模式更侧重实践，注重学生数学技能的掌握、知识的运用，所以在教学实践中，学生更易于获得知识与技能。

讲练结合教学模式包括教师的教与学生的学。教师教的过程在设计教学中反映在教师对教学目的、教学要求、学生认知水平的把握，以及教师对训练题目的选择等方面。学生学的过程即认知过程与练习过程，涵盖技能训练与知识拓展等方面。教师在运用讲练结合教学模式时，需要注意以下几点。

首先，需要注意教师的提问过程。数学课堂教学中的提问环节，既是对学生的训练，也是对教学的反馈。提问是师生互动、共同释疑的过程，是运用新知、巩固提高的重要方式，是引导学生自主学习、积极参与的重要方法。为提高教学效率，教师需要注意，提问要有针对性、启发性，并需要"有度"。有针对性的问题才能提高教学效果，达到教学目标。有启发性的问题能够激发学生的主体意识，促进学生积极思考，进而促进知识的内化效率。根据"最近发展区"理论，"有度"的问题才能促进学生发展，太过简单的问题学生不感兴趣，太过深奥的问题学生不知所云、难以理解，因而问题的选择需要把握好度，要难易适当。

其次，需要注意学生的练习环节。理论知识的学习在于运用，数学的教学更是强调实践，练习环节即理论指导实践的过程。课堂训练设计要坚持多样性原则、科学性原则、适量性原则、层次性原则以及针对性原则。数学问题多样且灵活，因而在训练时需要问题多样，变换训练以加强对知识的掌握与运用，以便熟能生巧。虽然在训练中需要多样实践，但训练必须符合学生的年龄特征，即认知发展规律，进行科学训练。训练中还应注意适量训练，避免过多的简单训练所带来的疲倦厌烦以及惯性思维错误等。

最后，需要注意讲与练穿插进行。讲练结合教学模式强调边讲边练，教师在每讲解一个知识点后要进行相关的练习，加强记忆，避免遗忘，让知识在实践中得以再现。讲练穿插进行不仅符合学生的记忆特点，而且能够加深学生对知识的理解与记忆，帮助教师及时了解学生学习的效果，得到反馈，及时发现问题。

讲练结合教学模式能够兼顾学生的自主学习与及时的教学效果反馈，在教师讲授的基础上鼓励学生积极思考，把精讲与巧练相结合，巩固教学；可以给予学生适当的时间进行课堂练习，帮助学生在第一时间内对所学知识内容进行巩固，促进教学效果，提升学生的自学能力；讲练穿插进行，当堂训练，可以及时地对教师当堂所教内容进行检测与反馈，有利于教师进行教学反思，从而改进教学方法。

第三节　引导探究教学模式

新课标倡导学生自主探究学习，引导探究教学模式基于这一理念要求，把教师作为课堂教学的引导者，以学生为主体，强调学生自主探究。

一、引导探究教学模式的内涵与思想

引导探究教学模式也可称作"引导—发现"式教学模式，是教师在把握课程要求，为完成教学任务，将课堂教学内容设计为问题链的形式，引导学生自主探究知识，并把探究成果内化，最终获得新知识的一种教学模式。引导探究模式教学是学生在教师的指导下，运用探究法进行学习，主动获取知识、发展能力的实践活动。

"引导"是教师根据教材相关内容，创设教学情境，设计引导性的问题，由浅入深、由易到难、循序渐进地引导学生开展思维活动，使学生向设定的目标进行探索、研究。这里的关键在于教师能够善于提出恰当的引导问题，让学生能够自己发现规律，获得知识。

"探究"是学生主动学习的过程，是学生积极的思维活动。学生在教师的引导下，通过自主的思维活动，对问题进行分析、类比、归纳、总结、概括，逐步解决教师所提出的问题，在解决问题的过程中发现并获得新的知识。

引导探究教学模式突出体现了"发现式"教学思想，强调学生"发现"数学事实，要求学生自主探索发现、独立思考。这有利于发展学生的发散思维，培养学生的创新能力与实际操作能力，激发学生学习动机，帮助学生获得知识、技能，掌握发现的方法。① 布鲁纳认为，学习

---

① 王倩. 初中数学教学的模式探析 [J]. 课堂内外·初中教研，2022 (zl)：52—54.

是由获得、转换、评价三个过程组成的，应当广泛使用"发现"法，使学生主动地、有兴趣地产生学习的行为，培养他们获得知识和创造发明的能力。引导探究教学模式以问题解决为中心，注重学生独立活动的开展，注重体验发现式学习。布鲁纳强调发现法的积极意义在于认识科学研究和学习过程的共同点，即都是主体研究客体的活动。

二、引导探究教学模式的结构与流程

数学教学中引导探究模式的操作流程因教材内容及教师的认知不同而存在一定的差异，但大体上可以分为以下几个步骤。

第一，明确目标，提出所要探究的问题。数学中的概念和公式、定理多种多样，概念及定理的条件和结论也是千变万化的，教师在设计教学时，应从特殊图形、特殊情境、特殊条件出发，探究得到某一特定结论，运用类比方法，在条件变化的情况下，探究原有结论是否成立，或类比得出新的不同猜想，探究出新的结论，从而提出有针对性、有启发性的探究问题。

第二，根据特定问题，创造特定的探究条件。学生在一定的条件下进行新知探究，通过已有条件做出相应判断，进而归纳总结出新知识。探究的条件是根据新知识的内容和教师所设计的问题而选择的，因此，条件的选择必须符合问题需要，且具有承前启后的作用。在探索中，可以运用多种方法，如通过设定问题让学生回答或进行课堂练习等形式，为探究问题得出新结论创造特定的知识条件。

第三，在明确探究问题并为问题解决创造好条件后，需指明探究的方向，即在猜想出新结论、新知识之后的探究证明中为学生做正确指引。学生通过类比猜想，得到了可能成立的结论。而学生要探究证明其正确性，往往需要教师的帮助。这时教师应向学生指明探究的方向，引导学生的思维朝着正确的方向发展。但是教师在引导中并不能阻止学生自由地发表意见，应创造良好的学习氛围，以提高学生的积极性与创造性。

第四，学生根据教师所提供的条件对问题进行探究。用探究法解决问题，需要对所提出的问题进行猜想、假设，然后类比、总结归纳。每一步的推理都要有理有据，找到所有推理的依据，从而判断猜想与假设的正确性，最终获得新结论，内化新知识。学生的这一探究过程是在教师的引导和帮助下完成的，是培养学生的创造性与独立思考习惯的重要手段，教师应当多引导、多启发，鼓励学生积极参与探究，主动思考问题，在解决问题中互相协作。在进行探究教学时，教师应努力寻找最自然的、最简单的解法，设计出适合学生思维发展的问题与探究方式，最大限度地调动学生的积极性。

第五，对探究过程进行总结归纳，得出最终成果。探究的目的就是得出研究的结果，总结归纳出探究成果便于学生对新知识的结构进行内化。通过探究所得结论，再回过头来反思探究过程，从中找出思维的一般规律，以便获得知识、掌握技能、提高能力。新知识的获得固然重要，而获得这种新知识的思维规律与方法更为重要，正如"授人以鱼不如授人以渔"。

三、引导探究教学模式的应用

传统教学中，教师处于主导地位，教学以教师为中心展开。应用引导探究教学模式，教师与学生的关系及地位发生了变化，教师不再是传统意义上的传授者，而是与学生一起交流、对话，是平等的参与者，在教学中起引导作用；而学生也不再是单向地接受知识，而是探究过程中的主体，成为主动求知者。探究活动是一个开放的实践活动，教师不再具有"垄断"地位，课堂不再是教师的"一言堂"。在信息化时代，知识的探究途径由单一变为多元，学生可以通过网络、报纸、电视等多种途径获得知识，教师不再是学生知识来源的唯一路径。

教师的地位由权威者、主导者、传授者向平等者、引导者、参与者等角色转变。引导探究教学模式中的师生关系，要求教师成为一个良好的倾听者和交往者，而不仅仅是一个知识传授者。教师在教学中应注重倾听学生的想法，重视并观察学生的心理变化，帮助学生消除紧张、害怕等情绪，让学生敢于表达自己的观点、看法，让学生认可教师是与他们平等的交流者，建立起一种新型的、平等的、和谐融洽的师生关系。建构主义认为，知识不能简单地通过教师的传授得到，而是每个学生在一定的情境（即社会文化背景）下，借助教师和同学的帮助，利用必要的学习资料，通过人际协作活动，依据已有的知识和经验主动地加以意义建构。学生在教学中应处于主体地位，教师应当处理好角色的转变。

引导探究教学模式是初中数学课堂教学中常用的教学模式之一，其特点主要有：第一，通过学生自主探究培养学生的创造能力和实践能力。不同于传统的以教师为中心的知识传授教学，引导探究教学模式中，教师作为引导者，注重学生的主动参与、积极思维，需要学生自己对问题解决进行猜想、策划、探讨，进而解决问题，获得新知；既体现了学生的主体性，也锻炼了学生动手解决问题的实践能力。第二，探究教学模式要求学生参与教学，需要学生运用已有的知识、经验去解决问题，能够培养学生运用已学知识解决实际问题的能力。这种教学模式反对数学教学中对公式、定理死记硬背、机械训练的教学方法，有利于学生真正掌握知识、概念的本质，有利于学生对知识的应用。第三，引导探究教学模式能够体现和发展学生的主观能动性。与传统教学中学生单纯地接受知识不同，这种教学模式突出体现了学生的主体地位，以学生为中心，教师进行引导，师生共同学习、交流，真正实现了"教学相长"。

引导探究教学模式作为初中阶段常用的教学模式之一，有一定的具体要求：第一，引导探究教学模式相对于传统教学模式来说，花费时间较多，教学任务较难完成。这就要求教师在课堂教学中要妥善把握好时间，做好教学安排，适当引导学生的探究过程，把握好度。第二，课堂教学内容的次序难以把握。由于引导探究的教学过程中大部分内容需要学生自己完成，而学生在探究过程中自己设计解决问题的方法，集体探究，在操作中每个学生的意见会存在差异，每个人思考问题的方向也会存在差异，导致教师难以把握教学内容的走向，教学次序容易混乱。这就要求教师做好引导工作，课堂中时刻处于主导地位，不可任由学生随意开展探究活动，要有序组织教学活动。第三，由于学生存在个体差异性，探究过程中难以组织所有学生积极参与。在教学中，每个学生是一个独立的个体，表现出差异性，有的学生外向积极，有的学生内向稳定，有的学生基础相对较好，有的学生基础相对较差。外向的学生和基础相对较好的学生，其学习积极性在探究过程中容易被调动起来，能够配合教师的引导，主动地思考和回答问题，学习的效率比较显著，探究教学也相对容易组织。而性格内敛、基础较差的学生可能探究的积极性较低，探究能力较弱，探究活动难以开展。这就要求教师在把握教材教法的同时，了解学生的基本情况，合理运用资源环境进行教学，真正做到有教无类，整体教学。

第四节　合作学习教学模式

合作学习教学模式是我国教育改革在当下所倡导的一种新型教育教学形式。合作学习教学模式反对传统教学中学生被动接受式学习，提倡合作学习，注重培养学生的动手能力与创造能力，教授知识的同时发展技能，使学生得以全面协调发展。

一、合作学习教学模式的内涵与思想

合作学习教学模式改变了传统教学中教师讲授、学生单方面接受的状况，注重对学生合作精神的培养，是现代教学改革的重要方向。目前，合作学习教学模式已在相当多的国家实行，但由于地域发展及各国教育传统不同，各个国家对合作学习教学的理解有所不同，因而对其定义也不尽相同。

尽管研究者对合作学习教学的理解与研究重点有所不同，但是就其本质而言，学者们对合作学习的定义存在着共性。根据这些共性和合作学习的本质，合作学习教学模式的内涵主要体现在以下几个方面。

（1）合作学习是以合作学习小组为基本教学组织形式的一种教学活动。

（2）合作学习是同伴之间的合作互助活动。

（3）合作学习是一种目标预设的教学活动。

（4）合作学习的评价标准和奖励依据是以小组为基本单位。合作学习是一种按照小组总体成绩来进行奖励的教学策略。

（5）合作学习仍是一种教师主导、学生主体的教学活动。

综上所述，合作学习教学模式是以小组形式，通过学生与学生之间、学生与教师之间、教师与教师之间的互动合作，促进教学对象全面发展，以期完成教学任务，达到教学目标，并且是以小组总体成绩为评价标准与奖励依据的一种教学模式。合作学习教学模式强调学生的合作学习，通过学生与教师的对话、交流来完成教学，注重学生的协调合作与创造探究。

合作学习教学模式所体现的基本理论主要有集体动力理论、教育社会学中的凝聚力理论、认知心理学的发展理论等。合作学习教学模式亦称为协作学习教学模式，强调学生之间的合作，突出集体配合、相互促进的作用，是对教师"填鸭式"教学的批判与反思。

二、合作学习教学模式的结构与流程

合作学习教学模式是一种有结构、有系统的教学模式，是一种在既定的目标下，以师生、生生、教师间的合作来完成教学任务，以小组合作形式为主的教学模式，其一般教学流程如下：

（1）创设情境、呈现目标。在合作学习课堂中，教师创设一定的情境，设置相应的问题，通过问题引入教学目标。在教师给定目标的情况下，学生以小组形式开展学习活动。

（2）小组合作、讨论交流。在既定的目标下，教师根据学生的知识水平和个人特点，将学生分为几个小组，由学生自主探讨、交流，合作学习。合作包括学生共同探讨问题，交流思想，学习中，学生间相互提问、督促。合作学习最终是以小组汇总结果的形式将学习结果反馈给教师。

（3）教师根据小组反馈的信息，即时指导，集体教学。在小组将问题处理结果反馈后，教师根据学生的探讨过程与结果信息，有针对性地进行指导，对教学内容进行集体教学，系统辅导。

（4）归纳总结，获得系统知识。在学生合作完成学习任务，教师点拨后，教师引导学生回顾，总结概括出教学要点，归纳出完整的知识内容，并加强对数学思想方法的提炼，最终获得系统的数学知识与技能。

三、合作学习教学模式的应用

合作学习教学模式在数学教学课堂中一般表现为：小组合作对某一概念、公式、定理的探讨学习，学生与学生之间、教师与学生之间进行对话、交流、合作。合作学习在课堂实践教学中主要表现出以下特点。

第一，交流合作，师生互动。合作学习教学模式中，学生学习的主要途径是课堂教学中各动态因素的相互作用，具有互动性的特点。合作学习教学模式不再是传统意义上的分组完成任务，它更突显合作这一概念，不仅是生生间的合作，还包括师生间的交流以及教师与教师间的合作交流。合作学习教学模式在师生交流合作间开展，可以拉近师生关系，使课堂和谐有序。

第二，合作学习有预设目标，具有目标性的导向作用。合作学习教学模式是一种目标预设的教学组织形式，教学活动过程围绕教学目标、教学要求设定，所有活动都为目标服务，具有针对性。

第三，评价对象为小组整体，侧重集体发展。合作学习教学模式以小组为单位开展活动，其不以小组中个别成员的表现为评价标准和奖励依据，而是以小组成绩评定，追求集体进步。

第四，合作学习情境多元，非单一竞争教学模式。合作学习既包括小组之间的竞争教学情境，又包括小组内部合作的教学情境。合作学习教学模式将个体学习与集体合作相融合，优化组合教学，促进个体全面发展。

第五，合作学习教学模式突出培养学生独立自主的能力。合作学习教学模式中，教学活动的进行主要是通过师生间的交流以及小组成员间的合作完成，每一个学生个体都有发表意见的机会，在整体锻炼学生的同时，也能培养学生独立思考问题、自觉发表意见的能力，使其在语言交流中进步成长。

第六，合作学习教学模式注重增强学生适应社会的能力。小组合作学习为学生间、师生间相互交流、相互了解提供了机会，在合作交流中培养了学生善于听取不同意见的品质。① 社会心理学认为，人的心理成熟发展是在人的活动中，尤其是在人与人相互交往的过程中发展起来的。合作学习为成员间相互交流创造了条件，相互间的交流对话与合作促进了学生的社会化，也增强了学生适应社会的能力。

教师在运用合作学习教学模式时，需要注意的问题如下：

第一，教师在开展合作学习教学时应注意，在设计教学中不应只有合作，为了合作而合作，对于学生可以自主完成的问题，应给予学生独立思考的时间。

第二，合作学习教学不是放任自流式，教师不能抛出问题后让学生自行合作学习，这样缺失教师与学生间的交流，缺乏教师的主导作用。在合作学习教学的课堂中，教师应发挥主导作用，引导学生合作学习。

第三，合作学习中教师要注重学生集体间的合作，分配任务具体到每一位学生，激发学生学习的动机，促使学生交流协作，共同进步。

第五节 复习总结教学模式

复习总结教学模式是目前课堂教学中重要的教学形式之一。数学课

---

① 张永隆. 初中数学教学模式初探［J］. 广西教育 B（中教版），2012（6）：34.

堂中为提高知识的系统性与教学的效果，在一个阶段内容学习之后，教师需要进行阶段知识内容的复习总结。这一教学模式是为了将前一阶段所学的知识系统化，为学生构建一个完整的知识体系，有利于加强学生对知识的联系与理解。

一、复习总结教学模式的内涵与思想

顾名思义，复习总结教学模式是以复习总结的方式来组织课堂教学，旨在使所学的知识系统化、结构化，将其构建成一个完整的有机体，以便于学生更好地理解和掌握知识，巩固并熟练基本技能，促使技能类化、知识系统化，在总结、提炼数学思想方法的同时，提高学生思维的策略水平，培养学生综合运用知识分析问题和解决问题的能力，培养学生良好的个性品质和学习习惯的一种教学策略。

复习总结教学以新知教学为前提，是在日常教学活动结束、新知获得之后，对一个知识体系或一个阶段内容的要点进行概括总揽式回顾教学。每位教师在设计复习总结教学环节时都应思考如何设计才能让复习课起到温故而知新的效果。复习总结课的宗旨是完善学生的知识体系，使已学知识形成系统，所以在教学中更应侧重知识体系的构建与完善，让学生在复习回顾中形成知识体系，加深对知识要点的印象。新课改强调教学以学生为主体，倡导启发式教学，要求给予学生足够的自主空间，培养学生的主观能动性。所以，复习总结课也是学生自主回顾、构建知识体系的一个过程。

二、复习总结教学模式的结构与流程

鉴于复习总结课堂所要达到的目的，复习总结教学模式可以从以下几个方面展开。

（1）明确复习的目标重点，建构完善的知识体系。由于学生对于知识整理与复习框架的把握较为困难，因此需要教师围绕这一重点整体把握复习目标与学习要求，引领学生自主复习总结，根据教学目标准确系统地构建数学知识框架。

（2）注重知识要点间的连贯性与关联性，整合知识点。数学定理、公式、性质等之间都存在着一定的联系，因此教师应引导学生把握好各知识点间的联系，在求同存异中融合知识的本质，融会贯通，将知识结构化、系统化。

（3）强调对数学思想与解决实际问题的方法的复习整理，避免题海战术，缓解解题疲劳。数学学习更重要的部分是对数学思想与方法的掌握及运用，在复习总结时，教师应注重对学生归纳、总结、概括等能力的培养。

（4）着重解决学生的疑难点与易错点，明确知识的核心本质，避免其他信息导致的错误。学生如果对知识的本质掌握不牢，则在解决问题的过程中容易犯错。因而在复习总结课中，教师应根据学生的疑问，简明扼要地给出要点本质，帮助学生理解掌握。

复习总结教学课堂上，并不是教师自己对所教知识进行回顾，而是要求学生积极对所学内容进行复习、回忆、再现，进而梳理知识要点，建构知识体系。在复习回顾中，学生可通过教师提供的复习总结线索、与同学互帮互助，逐步完善知识框架，最终获得完善的知识系统。

三、复习总结教学模式的应用

一节复习总结课完整有效地进行，需要教师在设计复习总结教学模式课堂时遵循一定的原则，具体有以下几点。

第一，知识系统化、结构化。教师运用复习总结教学模式的最主要的目的是复习已学的知识要点，帮助学生构建知识框架。因而，教师在开展复习总结课时，应当遵循知识系统的连贯性，注重知识间的联系，有计划地系统复习与训练，最终达到使学生知识系统化的目的。

第二，紧抓重点和难点，有针对性地复习。复习中教师应强抓学生薄弱的环节，突出重点和难点，有针对性地复习，以便提高学生的学习效率。数学复习课中，应特别注重对易错知识点与易混淆的定理、公式、概念的归纳总结，进行比较式复习，以突出知识点间细微的本质差别，帮助学生理解、记忆。

第三，引导学生主动回顾，积极参与复习总结。复习课并不是教师的总结再现，而应是学生积极主动地参与到复习中来，对知识点能够做到自主梳理、分类、概括、总结，以达到培养学生的归纳、总结能力的目的。

教学实践中，复习总结教学模式的特征也很明显，主要体现在以下几个方面。

第一，目标明确，有针对性。复习总结教学模式的目标是帮助学生建构完善的知识体系，有针对性地对易错点及重点和难点进行梳理、总结，帮助学生掌握。

第二，强调系统性。在教学中，教师处于主导地位，应引导学生复习整理，形成知识体系。

第三，例题典型，注重知识迁移。复习总结教学模式的运用需要教师设计一定量的例题与练习题，以培养学生将知识运用于解决实际问题的能力。典型例题有利于突出重点和难点，帮助学生灵活运用知识，开阔视野。

第四，在回顾复习中可以及时纠正学生对知识理解错误之处，具有及时反馈的特点。

第五，复习总结教学模式能够培养学生归纳概括的能力。在复习总结过程中，学生自主回顾知识概念、分类归纳，培养了自主学习能力。

每一种教学模式都有其独特之处与相应的优点，也有其特定的不足之处。一种教学模式的好坏，一个教学设计的优劣，主要取决于学生所获得的发展。没有一种教学模式可以被认为是最好的或最有效的。我们应当倡导教学模式运用多元化，只有多种教学模式穿插配合进行，才能达到更为有效的教学效果。因而，教师应当根据特定的教学内容与教学环境，组合不同的教学模式进行教学。同样，教师更应该根据自己的教学经验，依据学生的已有知识，根据相关教学理论与教学思想，在实践中创新、总结，形成独特的、符合教学规律的和具有自身特色的教学模式。

第五章

初中数学教学中学生数学思维能力的培养

第一节　数学思维的含义和类型

一、数学思维的含义

所谓数学思维，就是人脑和数学对象交互作用并按一般的思维规律认识数学规律的过程。数学思维实质上就是数学活动中的思维。对此，我们要注意以下两点。

第一，数学思维是认识的一种形式。数学思维是人类思维的表现形式之一，属于人类认识的高级阶段。数学思维作为一种特殊的认识形式，是指人们在认识具体的数学学科，或将数学应用于其他科学过程中的一种辩证思维。

第二，数学思维具有一定的特性。它的特性受到数学学科本身的特点和数学用以认识客观世界现象的方法的制约，同时也受到所采用的一般思维方式的制约。

二、数学思维的分类

数学思维是一种极为复杂的心理现象。数学思维具有多样性，即数学思维具有多种形态，可以按不同的标准对其进行分类。

（1）根据数学思维过程是否遵循一定的逻辑规则，可将其分为逻辑思维与非逻辑思维。逻辑思维是指脱离具体形象，按照逻辑的规律，运用概念、判断、推理等思维形式进行的思维。非逻辑思维是指未经过一步步的逻辑分析或无清晰的逻辑步骤，而对问题有直接的、突然间的领悟与理解或给出答案的思维。

（2）根据数学思维的指向程度，可将其分为发散思维与收敛思维。发散思维又叫求异思维，它由某一条件或事实出发，从各个方面思考，产生多种答案，即它的思考方向是向外发散的。收敛思维又叫求同思维或集中思维，它是指将提供的条件或事实聚合起来，朝着一个方向思考，得出确定的答案，即它的思考方向趋于统一。事实上，数学问题的解决过程依赖收敛思维与发散思维的有机结合。一方面要广开思路，自由联想，提出解决问题的种种设想和方法；另一方面要善于筛选，采用最好的方案或办法来解决问题。在数学学习中，教师既要重视集中思维的训练，又要重视发散思维的培养，还要重视二者的协调发展。

（3）根据数学思维方向的不同，可将其分为正向思维和逆向思维。正向思维与逆向思维，是指在思考数学问题时，可以按正常思维的方向进行（正向思维），也可以采用与它相反的方向探索（逆向思维）。数学知识本身就充满了正、反两方面的转化，如运算及其逆运算、映射与逆映射、相等与不等、性质定理与判定定理等。因此，培养学生的正向思维与逆向思维都很重要。

（4）根据数学思维结果有无创新，又可将其分为再现性思维和创造性思维。再现性思维也就是一般性思维，它是运用已获得的知识经验，按现成的方法或程序去解决类似情境中的问题的思维活动，是一种整理性的一般思维活动。创造性思维是一种特殊的思维形式，即不仅要揭示客观事物的本质及内在联系，还要产生新颖的或前所未有的思维成果，给人们带来具有社会或个人价值的产物，是一种具有开创意义的思维形式，是再现性思维的发展。创造性思维作为思维的最高形式，是人类创新精神的核心，是一切创造活动的主要精神支柱。

第二节 影响数学思维发展的因素

智力与能力是一个开放性的系统结构，它不是封闭的。学生智力与能力的发展取决于两个方面：一要依靠各种条件，即制约于遗传、生理成熟的生物前提，这取决于环境、教育和活动的决定作用。二要有发展的动力。什么是学生心理发展的动力？从心理学角度来说，就是在实践中形成的新需要与原有心理水平或原有心理结构的矛盾。一个学生的智力与能力想要发展，必须有新需要，并且新需要要同原有的心理水平构成矛盾。这里的需要，是这对矛盾（或动力）活跃的一面，是非智力因素的个性意识倾向性，其表现形态有兴趣、爱好、欲望、动机、目的、理想和信念等。

思维能力与学业责任之间的关系是相互影响的。一方面，对学业责任的理解与认识取决于思维能力的高低。思维发展水平高，认识能力强，学生对学业责任的理解就比较全面透彻，学业责任观念水平就比较高。另一方面，学业责任观念又影响能力发展。学业责任观念水平高，其对学业活动就比较积极主动、负责，这为学生接受知识提供了有利条件，而知识又是能力形成和发展的前提条件。

数学知识的习得和方法的掌握是思维和心理的过程。所谓思维的过程，是指在学习中要思考问题，用已有的知识和能力去同化新知识。在新问题的学习中，思维发挥着关键性作用。所谓心理过程，是指客观事物作用于思维而在大脑中引起的相应的反映，因为当人愿意学习时人脑反映客观事物是能动的、积极的，反之就是机械的、消极的。数学思维的发生和发展要服从于一般的、普遍的规律，而不同的人，其思维特点各不相同，我们把思维发生发展中表现出来的个别差异称为思维品质。思维品质是评价和衡量学习思维优劣的一个重要标准。这对在数学教学中提出要重视培养学生学习的思维品质具有重要启示。

影响学生数学思维形成和发展的因素可以从两个方面加以考虑，即

智力因素的影响和非智力因素的影响。

一、数学思维中的智力因素

数学思维方式的形成与数学思维系统中各要素的相互作用有关。数学思维方式的构成要素包括数学知识基础、数学观念、数学语言、思维传统及相应的学习方式等智力因素。由于数学思维形式和方法存在多样性，数学思维对形成智力工作方式的效果有所不同。从个体思维的角度分析，思维的知识基础、观察、记忆、操作等是影响数学思维发展的主要智力因素。

（一）知识基础与数学思维发展

数学思维的知识基础包括数学知识结构、数学语言和数学思维传统等。数学知识基础指数学的基本概念、原理、方法和语言表达，这些知识是影响新知识学习和掌握的关键因素。数学语言是传达数学思维的工具，思维只有在一定的语言描述下才有意义。数学思维传统指在学习中对学习新知识、新方法缺乏灵活性，抱着过去的学习方式不放，坚持原有的思维模式，在知识发生的环境不同的情况下，学习思维不能及时保持与环境的吻合，这是一种定势思维。

在数学学习中，原有的数学知识系统是维持学习心理的重要条件。试想：一个人如果没有函数知识做铺垫，他又如何有兴趣或有能力去学习导数？如果一个人仅仅具有四则运算的能力，他又如何能看懂导数运算法则？因此，原有数学知识系统对个体学习的愿望、情绪和态度有着极其重要的影响，同时也抑制了数学思维的发展。所以，数学原有的知识基础是影响数学思维发展的重要智力因素。

在数学学习中，思维的方式并非一成不变的，它要与数学知识生成的思维环境相适应。例如：学习数列，要理解数列通项的形成过程，掌握递推的思维过程；学习立体几何，要弄懂空间的概念，掌握线、面、体相互转化的思维过程。数学知识生成的环境对原有思维认知结构起着调节和完善的作用，解开定势思维的束缚必须适应知识学习的环境。这在数学解题中十分重要。数学问题解决是对原有思维结构的检验和充实，是思维适应环境的实践要求。

在数学学习中，特别要注意善于积累知识与运用知识，要有自发地积累知识的动机与运用知识的动机，要有根据知识生成的环境自发地改进思维方式的动机。在数学教学中，教师要帮助学生有意义地积累知识，让学生能学懂、能理解，会应用所学知识解决问题；要注意设计好教学过程，帮助学生认识新知识的生成环境，提高学生学习新知识的应变能力；要关注学生解决数学问题的思维过程并及时指导和反思，使学生思维反映与数学问题本身的思维格式相一致，从而提高学生学习数学的积极性。

学生数学思维的基础，在于平时的学习与积累。在积累的过程中，教师除了传授新知识、指导学习方法和检验学生学习收获外，还要帮助学生形成良好的学习习惯、提高有意义学习的效果。有意义学习理论认为，学习是个体构建知识体系的过程，这意味着学习是主动的，是对外部信息做出主动的选择和加工。外部信息本身没有意义，意义是新旧知识经验通过反复的、双向的相互作用而构建的。这种构建以原有经验系统为基础对新的信息进行编码，完善自己的理解，而且原有知识又因为新经验的介入而发生调整和改变，所以学习不是简单的信息积累。学习同时包含由于新旧经验的冲突而引发的观念转变和结构重组，学习过程并不是简单地输入、存储和提取，而是新旧经验之间双向的相互作用过程。

语言是思维的外壳，数学思维的活动作为思维的实现是离不开数学语言的。因为数学语言是用来储存、传递和加工数学知识的物质载体，它总是以表述、记录数学知识的形式出现，作为数学知识展示的窗口。数学语言把数学思维的结果用词、符号及其语句表达出来，没有数学语言，思维也就不存在了。

思维离不开语言，思维越复杂，对表达思维的语言要求越高，对运用语言能力的要求就越强；语言离不开思维，语言所表达的概念和知识是引起思维的条件，语言越丰富，越有利于思维的开展。

在数学学习中，数学语言和数学思维总是联系在一起的。解决问题的思维过程是通过数学语言描述出来的。正如物理学家波尔所说："数学不应该看成以经验的积累为基础的一种特殊的知识分支，而应该被看成普通语言的一种精确化，这种精确化给普通语言补充了适当的工具来表示一些关系。"在数学思维中，必须使用数学语言；在语言的运用中，必然体现数学思维。

一定的语言能力是一定的思维能力的标志。这主要体现在三个方面：其一，数学语言是提高数学思维确定性的形式和手段。自然语言多属于陈述语句，有些可能是模糊的或多义的。但数学语言，特别是符号语言都是准确的、明确无误的。所以，数学语言的使用就是为了保证数学思维的确定性。其二，数学语言是提高数学思维抽象性的形式和手段。数学语言是对数学具体对象本质的描述，它具有简单性、精确性和确定性。正因为如此，它增强了数学思维的抽象性和概括性。其三，数学语言是提高数学思维质量与效果的形式和手段。数学思维是用来解决问题的，人们在思考问题、阐述观点、解答习题时，会自觉和不自觉地使用数学语言，力求增强语言描述的科学性、准确性。这种语言和思维的可比较性提高了思维的质量和效果。

思维传统往往是一种思维定式的体现，在相似背景下，定式思维能够促进问题的解决。然而，数学学习不是知识程式化的、方法格式化的学习。无论是知识的学习还是技能的形成，都是一种动态的过程，而且学生的学习是在教师指导下的有意义的学习。教师为了帮助学生获得更多的经验，总是在不断地变化环境、改造环境，让学生在不同的环境下实现知识的学习和能力的增长。所以，掌握知识、培养能力是在知识的迁移和思维的迁移中完成的。因此，传统思维只有在新的学习环境中自觉改进和迁移，才能得到正确发展。

（二）观察与数学思维发展

观察是知觉的特殊形式，也是个体认识问题的开始。观察是思维的

"门户"，没有观察或不善于观察对数学的学习效果和数学思维品质的养成都是不利的。

但观察并不是简单或随意的，观察是一种有目的、有预见、比较持久的行为，它总是包含着积极的思维活动。观察能力的高低不仅仅反映一个人的智力水平，而且对于实践的成功有着十分重要的意义。学习数学新知识是面对新的数学对象开始的，其信息直接来源于数学对象。通过观察开启思维，把握新的数学对象生成的环境，及时调整原有思维结构，这有利于在大脑中储存新知识的有用信息。能否迅速、准确地发现数学对象的全部信息，并合理调配学习的思维方式，是新知识掌握的关键。如果能准确把握全部信息，通过思维的作用，就找到了理解新知识的"钥匙"；如果观察盲目、缓慢，甚至找不到关键信息，那么就难以找到学习的"门径"，甚至会造成"失之毫厘，谬以千里"的后果。

观察是学生接受新知识的第一位教师，其实这位教师也就是学生自己，即学生以自己的经验、信念为背景在教师的帮助下来分析知识的合理性。学生的学习不仅是对新知识的理解，而且是对新知识的分析、检验和批判。

"一快""二多""三准"是观察的三个基本品质，而"准"是观察的最佳品质。观察中的"快"并不是指阅读的速度要快，而是指观察本身的"快"。"快"包含了主动、渴望的心理状态，反对被动、消极的心理状态。观察中的"多"指对数学事实要多接触、多思考、多动手，训练和提高自己的观察能力。观察中的"准"不仅表示细致、确定，而且要求对信息的加工、思维的构建也要到位。对于数学问题的学习而言，观察的目的就是准确地收集信息，为分析这些信息提供思维的基础。因此"准"才是把握数学对象基本特征的关键，否则就只能获得一些似是而非、模棱两可且对数学对象分析没有用的信息。大量的信息充斥大脑，不但不能成为精神上的财富，反而会造成信息的污染，从而干扰正常的记忆和思维，降低学习的效果。从心理学角度讲，是否有求"准"的需求和能力，无疑是问题的关键。因此，观察水平是影响数学思维发

展的第二个重要智力因素。

从观察的方法来看，有描述性观察和分析性观察。描述性观察是将观察的现象用语言描述出来的观察。在这种观察中，感觉、知觉发挥着重要作用，但要描述所观察现象的特征，不费一番脑筋是不行的，所以必须进行思维。初始的思维是形象思维，它是对感知的材料整理加工的过程，而对感性材料的加工过程实质上就是运用逻辑的过程。分析性观察是在描述性观察的基础上，有意识地将观察点集中于某处，有意突出本质特征，并进行比较与分类、分析与综合、抽象与概括，以形成对问题的认识。科学的观察有以下三个基本特点。

1. 观察要有明确的目的

观察不同于一般知觉，人在进行观察之前，总是先有一个目的，并根据这个目的设计行动过程，再按这个过程去主动知觉事物对象。通过观察达到思维与知觉的统一。因此，观察也是思维的知觉。人类社会的发展离不开人的良好的观察品质，人们通过客观世界获取丰富而准确的信息，经过头脑的加工、改造和制作过程，从而创造出新的东西来。没有观察就不可能有发现。科学发现中引起思考的命题无不反映观察的结果。达尔文通过对大自然的长期观察提出了生物进化论；巴甫洛夫通过对狗的实验观察，创立了高级神经活动学说；牛顿发现万有引力定律，是从他观察到生长在树上的苹果掉下来开始的；高斯上小学时创造性地发现了前 100 位正整数求和的计数法（后被抽象为等差数列前 n 项和的公式），是观察到了从 1 到 100 的排列规律。现代心理学研究表明，人对客观事物的认识活动，产生于一定实践任务的要求，要求越具体、越明确，对认识的事物的关注就越强烈。在实践活动中，主体有时对反复出现在身边的事物熟视无睹，就是对这些事物缺乏明确的实践目的要求。数学无论是学习还是教学，都是有目的的活动，因此学习与教学中的观察必然有明确的目的和要求。对于学习而言，学习前要有思想准备（包括已有知识的准备和学习信心的准备），要明确学习内容的目标，以增强观察的针对性和准确性。

数学问题解决具有明确的指向性。对于学习而言，需要学生观察问题的结构和问题所释放的信息，找准研究的目标，调整思维状态，再经过分析来唤醒经验。由于受到目标的指引，问题解决自然要按照某种计划和程序去进行。笛卡儿指出，当一个问题出现时，我们应当及时地看一下，是否首先去考察某些别的问题会带来好处，并想一下有哪些别的问题，以及按什么顺序去考查它们。一般来说，在各种浮现的念头中有三种考查问题的顺序：一是顺着已知条件摸索未知结论的目标，即综合方法或顺解法；二是从目标入手向前推，直到发现目标存在的已知必要条件，即分析方法或逆解法；三是交替着从两端推直到建立与某个中间对象的联系，即逼近方法或夹进法。显然，这都是数学思维形成的过程。面对要解决的数学问题，首先应做好两件事来把握对象的整体信息：一是审视问题的要求和目标，弄清已知与未知的内容；二是通过观察大致明确所用的知识和方法，初步确定一个解答的顺序，并对个体可能完成的概率做一个大致的估计，以保持稳定和积极的心理状态，之后再按确定的方案认真解决，同时要摒弃观察的随意性，尤其是对句意的理解要明确要求，做到心中有数。

2. 观察要有认真细致的态度

从数学学习的心理活动来看，数学学习中数学思维的活动过程大致可以分为认识的发生阶段和知识的整理阶段。前者是指概念如何形成、结论如何被发现的过程；后者是指用演绎法进一步理解知识、开拓知识的过程（有些类似数学创造中的"发现"与"论证"两个阶段）。由于前一阶段是在教师的引导下学生探索知识的过程，因此，它是培养观察思维的有效途径。在这一个阶段一定要保持清醒的头脑，认真、细致阅读概念和原理，仔细观察范例的表述形式，寻找知识生成和发展的背景，以求达到学懂和全面理解。这一阶段的学习，除了吸取教师的经验外，在自我提高的过程中细致地观察就成为学习效果的重要基础。如果达不到观察细致和认真的要求，就会为下一个阶段的学习造成障碍，促进思维的发展就是一句空话。因此，前一阶段比后一阶段更为重要。从知识展现到促进数学思维活动的全过程中，要保持观察的地位和质量，使数学学习同思维发展同步。

数学的概念、判断、推理包括数学的学习对象都有它形成的基础和条件，本身显露着某些特定的信息。认真细致地观察有利于快速地捕获这些信息，为思维的加工与改造提供先决条件。认真细致地观察还可以维持、延续、拓展思维的空间，这不仅有利于促进新知识的快速掌握，而且更能延展思维，发展和提高数学思维能力。

认真细致地观察对数学教学有重要启示。在数学教学中往往存在着忽视对学生有意义观察能力的培养。比如：教学中，只重结论不重过程、用结论去替代过程，或者只重应用不重形成等现象依然存在；学生在课堂上没有阅读，教师本人很少板书，电子板书一晃即过，学生完全没有观察的机会；新课学习匆促带过以腾出时间来训练；等等。这些做法对学生养成善于观察的品质影响极大。为了在教学中加强对学生观察能力的培养，授新课的教学必须重视数学阅读、数学板书和数学推理以及演算的思维过程，把数学需要观察的意义作为数学教学的基本任务之一。

另外，应用数学知识解决具体问题更需要养成细致观察的品质，要明白认真观察的态度对维护正确思维心态起积极的"强化剂"的作用。这是因为，数学问题所涉及的知识、方法并不都是独立存在的，存在的特征也并非鲜明突出，这是教师在设计数学问题时使用的隐蔽性手段，有些问题的信息甚至有很强的迷惑性。面对这些情况，如果粗枝大叶，不认真细致地观察，就会造成重大差错。

对学生来讲，考试时认真细致地观察尤为重要。特别是学业检测，学业检测题本身会显露出某些特定的甚至是十分显著的信息，然而这些信息往往对解决问题不会起决定性作用，有时这些表露的信息还会干扰个体的选择功能，把学生引向"陷阱"或误区。一般来说，显著的信息可以帮助我们切入问题，但更重要的信息必须靠认真细致的态度去发现、去追寻。怎样才能做到认真、细致呢？从逻辑角度讲，就是要进行比较、分析与鉴别。

3. 观察要与联想相结合

在数学学习和解题中，观察是在搜集所有信息的过程中准确地捕获对学习和解决问题有重大帮助的信息。人们获得这些有用的信息后，思维活动并没有结束，而是要组织记忆或唤起原先储存的知识和方法。这些知识和方法并不是全部被思维活动激活，而只是与观察和捕获的信息相关联的部分被激活。这一过程就是通过观察引起的联想。无论是学习数学新知识还是应用数学知识解决数学问题，都必须有联想的参与。因此，观察与联想是相互依存的关系：观察是联想的启动门户，联想作为观察的结果。无联想的观察，是一种简单的观察和平面的观察，严格地说，只是一种知觉。因为知觉依赖的是客观事物的直接刺激，它无法突破"平面式"的局限，得到的也是感性信息。客观世界的许多问题，仅凭知觉是解决不了的。观察中的联想，就是将获得的表象信息进行加工、比较、整合，通过联想促进信息的内化，这表现了观察的多、准的品质。

（三）记忆与数学思维发展

记忆是过去经验在人的头脑中的反映，保持记忆实际上是经验的保持，是心理活动在时间、空间上的继续甚至完善。数学的学习和问题解决不仅需要观察，也需要记忆。在数学的学习和问题解决中，记忆是高速度的物质源泉，它将再现的知识迅速传递给大脑，以满足思维活动的需要。没有良好的记忆，即使在有意义的刺激下也不可能及时地回忆需要的知识，同时对已获得的感性信息也不能记忆持久。初中数学所涉及的定义、定理、公式、法则很多，有些具有相似性，由此感知的对象与所考虑的背景差异不大，会给记忆造成阻碍，对后继的学习和思维成长带来困难。因此，记忆水平是影响数学思维发展的第三个重要因素。

人在生活实践中会接触大量的事物和现象，这些事物和现象作用于人的感觉器官，产生了关于这些事物和现象的感觉、知觉，同时也引起了人的言语、思想、情感和行动。于是，这些活动能在人脑中留下一种印迹并在一定条件下再现出来，作为过去的经验参加到后来的心理活动中去。这就是记忆的背景。记忆包括三个过程：识记、保持、回忆或再现。人的一切学习活动都包含记忆，学习和记忆的生理基础是大脑神经中枢某个印迹的建立和巩固。在记忆中，占重要地位的是表象，表象就是在头脑中所保持的关于事物的印迹所表现出来的形象。表象的特征是形象性和概括性。由于感知过的对象大多是以直观的、形象的形式出现，如教师讲课的形象在学生的记忆中是最深刻的，特别是教学中的情境很容易浮现在学生的脑海里，这说明表象具有形象的特征。表象来自感知，但又不同于知觉。知觉是眼前事物的直接反映，而表象所反映的是过去感知过但现在并不在眼前的事物，这种表象是通过其他有关事物或语言所引起的。多次感知同类事物就会在大脑里形成这类事物的共同的、一般的特点，而其他次要的或独特的特点就会消退或消失，因而形成概括性的认识。

"一精""二牢""三活"是记忆的三个基本品质，其中，"活"是记忆的最佳品质。记忆中的"精"包含两层意思：一是知识要择优记忆，不是把所有知识都装进大脑；二是记忆重点和对今后学习有用的知识，重点知识是知识系统中最活跃的知识，记住了这些知识，其他知识会在相应的环境得到再现。记忆中的"牢"是指对知识理解性与鉴别性的记忆。大脑皮层本身对信息的真伪是有识别功能的，但大脑皮层会被假学和误学所欺骗，很容易储存不正确的信息，进而影响人的正常思维。因此，要防止记忆的信息失真，必须加强记忆的牢固性。记忆中的"活"反映了记忆个体思维的活跃性和缜密性。知识被记忆后，应当加以整理和系统化。具有优秀记忆品质的人，还会对记忆的知识进行编码，建构完善的知识体系。知识建构的系统化和结构化，不仅提高了记忆的有效性，而且促进了思维的健康发展。记忆有以下三个基本要求。

1. 记忆要有明确的目的

记忆必须有强烈的识记动机和明确的识记目的，而记忆的动机和目的是由学习的意义和目的决定的。在数学学习中，记忆反映了人的心理素质，主要表现为有意义的识记。注意是心理活动的一种属性或特性，不能独立存在。凡是注意都有其内容，都有一定的目的和要求。人的注意指感知和思维等心理活动指向某一事物，即心理活动对某一事物的集中性和指向性，这是人的一种有意义的识记，实际上是由记忆的目的支配的。人都是把注意自觉或不自觉地集中在某种事物上，通过思维强化有用信息并纳入记忆库中。心理活动的这种指向性和集中性保证了记忆的自觉性和主动性。根据注意力集中时的自觉程度，记忆分为有意识记忆和无意识记忆两种情况。有意识记忆是促进学习的核心力量；无意识记忆是一种直观的渗透，有时会是灵感和顿悟的源泉。这两种记忆也会互相转化，在客观环境的刺激下，无意识记忆会向有意识记忆转化；当有意识记忆达到自动化时，也会转化为无意识记忆，并把记忆的对象储存在感知区，一旦被感知就会被激活。

记忆有四个基本特点：一是记忆的稳定性，指记忆持续的时间。二是记忆的迁移性，指由一个对象有意识地联想到另一个对象。三是记忆容量的分配，指能同时记忆两种或多种对象或活动程序。分配是有条件的，所有的学习活动中，必有一种或几种是已经熟悉自动化了的，不需要对它付出更多精力的记忆。四是记忆的广度和深度，指在单位时间内对所知觉的对象掌握了多少、理解了多少，以及在应用中明白了多少。

在数学问题解决中，更需要有目的地记忆。若解题时概念记不清、定理记不准、公式记不牢，就会影响解题的效率。数学的概念、定理、公式、法则，甚至包括基本的数学方法，知识应用的环境、条件和原则以及解法的推理和表达都是记忆的内容。

表象是思维内部的形象材料，是过去经验在适当环境中重组的感性材料，如果不能通过感知获得这些表象的感性材料，记忆就没有了意义。表象是记忆的主要形式，回忆总是凭借表象实现的，有了表象，才能促进"活"的记忆。教师在教学中要充分考虑学生"认知过程的心理现象"，借助直观教具、模型、形象化手段和恰当的动作来引导学生，启发其思维，使他们主动地把感知的材料归类、理解、反复实践与再认识，把调动学生积极性的心理渗透到学生掌握知识的全部心理过程中去。只有这样，学生感知的对象才能进一步鲜明化，学生才能在复杂背景下识别出所要寻找的再认对象，从而促进自己记忆品质的形成。由于中学生还不能合理分配自己的注意力，所以他们注意的对象越单一，其注意的效果就越好，感知的程度就越深，记忆的内容也就越真实。教学中，教师务必在各个环节突出重点、训练重点，让学生明确数学对象的具体属性，掌握研究的策略和方法。教育心理学认为，并不是任何事物的属性都能引起感知，它必须达到一个阈限，凡没有达到这个阈限的事物的属性，就不能引起感知，正如人听不见远处的轻微声音。因此，突出重点是刺激事物本质属性以达到超过感知的绝对阈限的根本途径，也是给学生创造记忆机会和条件的根本手段。

2. 记忆要细致

记忆细致不是说面面俱到，记住所有的东西，而是指对需要记住的东西要认真、仔细。在数学学习中，记忆细致是指基础知识要记牢，基本方法要记准，解决问题的处理过程要记实。同样，记忆细致也不是说凡是需要的东西都要去记忆，而是对有强度的、能激发联想的对象要加强记忆。也就是说，对比较稳定的基础知识，如概念、法则、原理、方法要作为记忆的要点，而对其他的知识则要有选择性地记忆，因为记住了的东西如果长期不用或少用也会在一定的时间后被遗忘。这是记忆的"精""牢"的品质。

心理学研究表明，客观世界进入人的大脑的信息只有1‰被长期保留，凡被长期保存的大都对个体有重要意义且都是有目的的、重复的信息，这些信息也就有利于激发智力活动。随着人类社会的进步、技术的发展，新的知识不断被发现，旧知识的陈旧率或失效率也在不断提高。布鲁纳指出，人类记忆的首要问题不是储存，而是检索，而检索的关键在于组织，即到哪里去寻找信息，怎样去获取信息。这就提出了知识的结构论思想，即掌握知识就是知道知识的结构，了解它们之间的联系，并选择结构中的核心帮助记忆。这为学习中的记忆提供了心理依据。

学习新知识的过程是从感知、实践到记忆的过程，保持是记忆的核心。记住的东西不能保持，是没有意义的一种记忆；只有保持了的记忆，才能体现其价值，这种记忆在思维中才是最需要的。保持记忆的基本条件有两个。首先，记忆的知识越多、保持的时间越长，数学知识就越丰富、越活跃，应用时就越方便。根据记忆痕迹衰退说，遗忘是由于记忆痕迹没有得到及时强化，以至消退。遗忘过程遵循"先快后慢，先多后少"的规律，记忆痕迹必然随时间的推移而慢慢减弱以至消退。因记忆痕迹逐渐变弱产生的部分遗忘，是暂时性遗忘；如果在暂时性遗忘的范围内创造回忆的条件，引起知识的再认，其记忆的痕迹就会加深，反复实践再认，就会实现记忆的保持。由遗忘规律可见，开始学习和接受新知识时，记的内容要多一点，但切记不要支离破碎、面面俱到；要有选择性地多记，而且还要在暂时性遗忘情况下反复温习，以求巩固。其次，要重点记忆、细致记忆，强化意识记忆。从记忆的目的性来看，记忆分有意义识记和无意义识记。有意义识记的基本条件是理解，通过对感知的学习材料进行加工、重组并赋予一定意义，或配以一定的直观形象形成理解，再通过有效实践再认识、再理解，就会在大脑中形成长时或永久性的记忆材料。无意义识记以机械识记为表现形式，数学上某些特殊的知识便需要机械识记。善于理解记忆的内容，甚至能通过某种方式将机械记忆转化为有意义识记，其记忆的知识就会牢固、持久，需要应用时记忆的再现速度就快，学习效率也就高了，同时思维的能力就更强了。

3. 记忆要透

记忆中的"透"是指记住的知识是结构性知识，其结构是动态的并与大脑思维模式相匹配的记忆。只有在需要应用时，这种动态的结构才能释放它的作用，而且在发挥作用时，能产生独到和新颖的效果，而其他环境都不可能对其造成干扰。这是记忆的"活"的品质。

有了"透"的记忆，才可以使当前反映在过去反映的基础上有效进行；有了"透"的记忆，思维才能借助于"透"，指挥保持在头脑中的各种信息进行活动，形成表象。可以说，记忆中的"透"是智力的根源。数学问题研究的形式是多变的，随着数学问题设计的创新，数学问题也在向"巧、活、新"发展，这需要有更高级的思维形态。

（四）操作与数学思维发展

一般来说，对客观事物仅凭知觉、感觉是难以记忆的；而理解了的东西，尽管能够保持在记忆之中，但随时能应用还需要一个过程，即要进行反复操作。因为被理解了的对象与新背景的关系是多种多样的，并且理解的对象与新背景的区别有时不是固定不变的。要突破背景材料的限制来获得新认识，必须在学习过程中反复操练，以形成自己的模式或自动化，如此才称得上是真正的理解。

思维作为一种认识形式不可能离开思维的内容而独立存在，积极操作并强化操作技能是掌握知识、形成更高级认识、提高解决问题思维能力的一个重要过程。思维虽然开始于感性直观，但同时又需要通过分析、抽象，对感性材料进行筛选、识别、抽取并概括出一定抽象的规定、超越感性的具体限制；反过来，进一步把事物中的各种规定按照它们在总体中的真实关系具体地结合起来，即从本质抽象走向"思维中的具体"。因此，学习不能满足于对抽象概念、规则的理解和记忆，而要进一步加强操作，使复杂的概念与规则在理解和记忆上变得特殊化和具体化。

"一快""二准""三新"是操作的三个基本品质，其中，"新"是操作的最佳品质。操作中的"快"指活动的速度，反映了对原有知识与经验的理解和掌握程度。操作中的"准"是对活动效果的要求，是对能否执行操作训练的检验，"准"反映了操作中最充分的品质。操作中的"新"指的是操作的新颖性。

操作推动着技能的发展，是思维技能发展的中介因素。任何事物都有它自己的特性和规律，经常做某件事，时间久了就能达到运用自如的境界。懂得操作的人，所见的是知识，所想的是方法，所论的是技巧，所待的是变化。通过操作形成一定的技能，再次操作时其动作由两部分组成，一是有意识的活动，二是自动化的活动。所以，在反复操作中，所增长的技能都是由有意识活动和自动化活动形成的。因此，技能是受一定意识控制的。操作有以下两个基本要求。

1. 操作要有明确的目的

之所以要进行练习操作，是为了巩固和应用相关的知识和结论，诊断和强化学习的效果。这就是操作的目的。数学教学中，教师需要培养学生的多种学习能力，并促进其思维的发展。例如，通过数和式计算与变形的操作培养学生的运算能力，通过几何图形元素位置关系所表示的空间意义培养学生的空间想象能力等，都是有目的的操作。操作活动展开过程中，会形成两种技能，即动作技能和心智技能。动作技能表现在外部行动上，是有目的地、主动地对事物对象直接进行演示的具体行动。心智技能是一种认识的思维活动，包括感知、记忆和想象等思维技能。操作活动是由动作技能与心智技能共同完成的，并且在操作活动中这两种技能具有共同的目的和要求。

操作是认识目的的实现形式，也是思维技能目标的实现形式，同样也是领会知识、消化知识、保存知识，以及掌握知识的应用价值、提高知识应用能力的实现形式。这些目的的实现分为三个层次。首先是实现理解知识、领会知识的目的。要真正理解和领会数学基础知识，就要做到不断地读、想、记、用。读就是朗读概念、定理、公式和范例等，明确字、词和符号及推理的意义；想就是思考道理和原因，以求理解；记就是对理解了的东西赋予一定的意义组织记忆；用就是有意识地进行训练，促进知识的保持。有计划、有目的、有要求地做一定量的练习，可以保证读、想、记过程的落实，从而达到对初步技能的巩固。其次是实现掌握知识系统理论、理解数学基本方法应用的目的。这一层次需要掌握正确的练习方法，在"练"的技术上下功夫，即在准确性、稳定性和规范性上下功夫。最后是实现熟悉数学思想、提高数学分析和综合能力的目的。这一层次需要有提出问题的能力以及掌握分解问题、合成问题的思考方法。

2. 操作要有清醒的头脑、认真的态度

从理论上讲，任何操作都会形成技能，技能是思维总结和反思的结果。这表明，技能既具有迁移的一面，又具有干扰的一面；技能既可以增强、提高，又可能减弱、降低。因此，操作训练时，头脑要清醒，思维要缜密，要有细致认真的态度。操作是手、脑的协调活动，脑负责心智技能动作，手负责外部技能动作，思维作为它们联结的工具。脑是思维的外壳，手是正确描述思维外壳的工具，二者协调完成操作活动，失去任何一方，都将失去操作的价值。由此，操作时，大脑不清醒不行，思考不细致不行。

在操作中已掌握了的技能对于新技能的形成有积极影响，能促进新技能的形成，这是技能的迁移。一般来说，头脑清醒、态度认真、操作细致能促进技能的迁移。在操作过程中，如果过去形成的技能对于新技能的形成具有消极的影响，使新的技能难以形成，这就是技能的干扰。一般来说，操作盲目、不细心，思路不清晰，就会产生操作技能的干扰。

在操作中，技能的干扰还与以下因素有关。

一是原掌握的有关基础知识的技能，即知识的理解和应用技能。一般来说，新技能的形成需要用到过去掌握知识的技能，如果原来缺乏掌握知识应用的技能，那么相对于过去经验来说，新的技能就难以形成。

二是操作模式的熟练程度，任何操作都是由简单操作组成的。所谓简单的操作，就是基本概念、基本法则等应用的操作，这些操作组成一个个基本模式，包括在操作中多种基本技能应用的选择。

二、数学思维中的非智力因素

（一）兴趣与数学思维发展

兴趣来源于关注和爱好，它是个体力求知觉某种事物或喜好某种活动的心理倾向，这种兴趣是直接和情感相联系的。兴趣也是在需要的基础上，在生活和实践过程中发展起来的。

与兴趣直接联系的是爱好、喜欢和情感，心理学上称这些为直接兴趣。直接兴趣就是由于对事物本身感到需要而产生的兴趣。例如，看电影、参与娱乐活动等都会产生直接兴趣。爱好和喜欢既相近，又有区别，其主要区别表现为是否可以直接参与，爱好某个事物可以亲身实践，喜欢某个事物不一定可以近距离地接触或亲身实践。情感联系着爱好和喜欢。

与兴趣间接联系的是需要、追求和有意义，心理学上称这些为间接兴趣。间接兴趣就是对某种事物本身并没有兴趣，因对这件事未来结果感到需要而产生兴趣。需要和追求都是一种心理反应。在实践过程中，需要与追求往往是结伴而行的。有意义体现了一种价值，为了实现这种价值，就会产生相应的兴趣。有意义联系着需要和追求。某个实践有意义，就会引导个体产生需要；如果需要只是一种愿望，就会转化为一种追求。

任何人都有自己特定的兴趣，甚至有多方面的兴趣。特定的兴趣就是心理学上的"兴趣中心"，多方面的兴趣只有在与某个特定的兴趣结合时才是一种珍贵的品质。特定的兴趣具有稳定性，能促进人积极满足这种兴趣的需要，产生兴趣的效能。对于学校教育来讲，由于学生尚未形成某种特定的兴趣，因此加强学生学习兴趣的培养和激发，有利于开发学生的"兴趣中心"，提高学生学习的积极性，以此发展学生的思维。俗话说，兴趣是最好的老师，这表明兴趣本身体现着"效果"和具有教育意义。

培养学生学习兴趣的方法如下：

第一，从教学的意义上来说，要对学生进行学习目的教育，让学生产生学习的需要和兴趣，目的要客观、具体，符合学生当前的实际。在教学过程中，教师应努力让学生学得轻松愉快，让学生有成就感，让学生有表现的机会，以使学生形成稳定的"兴趣中心"；应耐心指导学生操作，把发现问题、提出问题作为指导的契机，培养学生的自豪感和自信心，实现学生操作技能的迁移。

第二，从学生成长的角度来说，要有具体要求和目标，要抓好思维方式的训练，提出操作规范要求；要强化学生的学习意识，让学生知道要为自己的学习效果负责，提高学生自我反思与自我总结的能力。

兴趣与思维的关系：当个体的兴趣中心与所从事的客观事实相吻合时，兴趣对所思考的对象就起到积极的推动作用；如果个体对所关注的对象亲切、敏感，那么对原先的兴趣就起到强化作用。因此，个体对某个事物具有强烈的兴趣，就会产生执着心理并促进思维活跃，给思维发展带来契机。

（二）动机与数学思维发展

心理学认为，动机是激励人去行动以达到一定目的的内在原因。人的一切行动总是从动机出发的，所以动机是个体行为的动力，它源于人的需求。在社会实践活动中，人会产生某些情感、兴趣和理想，进而产生想满足这些需要的愿望，因而产生了行动动机。需要是动机产生的基础。动机的强弱影响着思维的效果。心理学研究表明，个体智力活动的效率与其动机强度之间存在着一定的函数关系。一般来说，随着动机的增强，人的积极性、主动性和解决问题的意志力也会随之增强，最终促进活动效果的提高。美国心理学家弗鲁姆认为，人总是希望通过努力去达到预想的结果，如果他认为自己通过努力有能力达到所追求的目标，就会有信心、有决心去追求这个目标；反之，他就会消极等待或放弃。可见，个体对目标所期待的反映是影响动机和行动的，反映概率（个体对所期望的目标的主观估价）越高，行为就越果断，目标生成的可能性也就越大。

由上述分析可知，动机在目标上具有合理性，在期望上具有强弱之分。动机的合理性是指在某问题上的动机是不是真正的动机，是不是符合客观事实的动机，这一动机是否违背自然法则。动机的强弱受客观环境影响。例如，动机随着时间强弱会发生变化，动机随着氛围、情感的变化也会发生变化等。同样，由动机产生的行动，在执行过程中，也会因观察、记忆、操作等因素的影响发生一定的变化。

正因为动机的这些特点，在教学过程中，教师要在激发动机和动机保持方面对学生加以引导。首先，培养学生正确的学习动机。构成学习动机的成分主要是学生的学习自觉性和对学习的自信心。学习自觉性是指学生对学习的必要性有充分认识，并由此产生相应的积极行动，这就是学生的学习心态。学生有了正确的学习动机，就能表现出高度积极性和自觉能动性，对待学习就认真、主动，这反映了学生对学习的情感。教师在教学中要加强对学生学习心态的培养，以激发学生的学习情感。其次，关注学生动机的变化，既要强化学生的学习动机，又要防止学生产生过强的求胜动机。

（三）情绪与数学思维发展

情绪是人对客观事物的一种态度。客观事物与人的需要之间总是保持着某种关系，情绪就是对这种关系的反映。如果客观事物的表现与自己的需要一致，人就会产生积极的情绪，否则就会产生消极的情绪。情绪和情感既有联系，又有区别。情绪和情感作为一种主观体验都是对客观现实的反映。情绪代表情感发展的原始方面，受环境影响大，不稳定；而情感则比较稳定，稳定的情感体验是情绪概括化的结果。情绪波动性较强，外部表现也特别明显；情感波动性较弱，容易受认识的影响或控制，外部表现也不明显。

由于情感是在情绪基础上形成的，所以情绪是情感的一种表现形式，是人对于客观事物是否符合自己的主观需要而产生的态度体验。在人的整个心理过程中，情绪反映的是主客体之间的关系，人的任何认识如果带有情感和情绪，就不能真正使意识转化为积极的行动。如果动机赋予了情绪，由动机导致的行动不可能是积极的。情绪的触发原因是客观现实，这是因为客观现实总能引起人的需要，同一客观对象可能以不同的表现形式与人的需要处于不同的关系之中，从而引起不同的情绪，这就形成了现实世界中情绪的两极性——积极和消极。

心理学表明，两种对立的情绪状态，对思维所产生的影响是截然不同的。积极的情绪可以提高思维效率，如提高注意力、促进创造力、加强决策能力等，能帮助人们从不同的视角看待问题，使人产生新颖的想法，并在面对挑战时保持乐观的态度，从而更愿意尝试新方法。消极的情绪则可能导致思维僵化，使人在判断和决策方面产生失误。例如，当人们处于悲伤、愤怒或沮丧等消极情绪时，往往会更多地关注负面的信息，从而影响到思维的效率和质量。

第三节　培养学生数学思维能力的方向和教学策略

一、学生数学思维能力的培养方向

（一）培养思维的灵活性

思维的灵活性是指思维活动的灵活程度，主要表现为具有超脱出习惯处理方法界限的能力，即一旦所给条件发生变化，便能改变先前的思维途径，找到新的解决问题的方法。学生思维的灵活性主要表现为根据新的条件迅速确定解题方向，从一种解题途径转向另一种途径的灵巧性，也表现为从已知数学关系中看出新的数学关系，从隐蔽的形式中分清实质的能力。

思维灵活性的反面是思维定式，或称心理惰性。知识和经验经常被人们按照一定的、个人习惯的"现成途径"反复认识，从而产生了一种先入为主的印象，使人倾向某种具体的方式和方法，使人在解题的过程中总是遵循已知的规则系统，这就是思维定式。思维定式是进行发明和创造性活动的极大障碍。思维定式是部分学生思维的特点，表现为片面强调解题模式，缺少应变能力。

教师的主要任务是帮助学生克服思维定式，探索新情况下的新的解题途径。

1. 启发学生从多种角度思考问题

在教学过程中，教师可以引导学生用多种方法、从不同角度和不同途径去寻求问题的答案，用一题多解的方法来培养学生的数学思维能力，提高学生的思维灵活性。一题多解可以拓宽思路，增强知识间的联系，使学生学会从多角度思考解题的方法，形成灵活的思维方式。

2. 引入开放型习题

开放型习题由于没有现成的解题模式，解题时往往需要学生从不同的角度进行思考和探索，尽可能多地探究、寻找有关结论，并进行求解。开放型题目的引入，主要是为了引导学生从不同的角度思考问题，教师应该要求学生不仅要思考条件本身，还要思考条件之间的关系，要根据条件，运用各种手段来处理信息、探索结论。这样才有利于提高学生的思维灵活性，也有利于培养他们的钻研精神和创造力。

3. 采用一题多变的教学方式

一题多变是题目结构的变式，具体是指变换题目的条件或结论，即变换题目的形式，而题目的实质不变。教师用这种方式进行教学，能使学生随时根据变化了的情况积极思考，迅速想出解决问题的办法。这样可以提高学生举一反三、触类旁通的能力，从而防止和消除思维的呆板和僵化，提高思维的灵活性。

（二）培养思维的广阔性

思维的广阔性是指思路宽广，善于多角度、多层次地进行探索。在数学学习中，思维的广阔性表现为既能把握数学问题的整体，抓住它的基本特征，又能抓住重要的细节和特殊因素。思维广阔性的反面是思维的狭隘性，学生正是由于存在这种思维的狭隘性，常常跳不出条条框框的束缚，才会出现解题困难。

思维的广阔性还表现在不但能研究问题本身，还能研究其他有关的问题。教师可以从学生熟知的数学问题出发，提出若干富有探索性的新问题，让学生凭借自己已有的知识和技能，去探索这些数学问题的内在规律，从而获得新的知识和技能。在数学教学中，教师应鼓励学生善于联想，训练学生的发散思维，培养学生思维的广阔性。

（三）培养思维的深刻性

思维的深刻性常被称为分清实质的能力。这种能力表现为：能洞察所研究的每一个事实的实质及其相互关系；能从所研究的材料（已知条件、解法及结果）中找出被掩盖着的某些个别特殊情况；能组合各种具体模式。思维深刻性的反面是思维的肤浅性，经常表现为对概念的不求甚解；对定理、公式、法则，不考虑它们为什么成立和在什么条件下成立；做练习题时，盲目套公式，不去领会解题方法的实质。在数学教学中，教师应积极培养学生思维的深刻性。

1. 进行数形结合的训练，培养思维的深刻性

数学的研究对象是客观事物的数量关系和空间形式。"数缺形时少直观，形缺数时难入微。"数与形是客观事物不可分割的两个数学表象，它们有各自的特定含义。在解决数学问题的教学中，特别是在解代数问题和几何问题时，教师要引导学生挖掘数与形的内在联系，并将它们相互转化，从而培养学生思维的深刻性。

2. 运用不定型开放题，培养思维的深刻性

不定型开放题，所给条件包含答案不唯一的因素。在解题过程中，教师应要求学生利用已有的知识，结合有关条件，从不同的角度对问题做全面分析，进行正确判断，并得出结论，从而培养学生思维的深刻性。

（四）培养思维的敏捷性

思维的敏捷性是指思维过程的简洁性和快速性。具有这一思维品质的学生能缩短运算过程和推理过程，"直接"得出结果。缩短运算过程或推理过程，表面看来好像没有经过完整的推理，其实它还是有一个完整的过程的。

研究表明，推理过程的缩短取决于概括能力。在数学教学中，教师可以有意识地选择一些用顺向思维难以解决或解法烦琐而用逆向思维却能迅速解决的问题来培养学生思维的敏捷性。

（五）培养思维的独创性

思维的独创性即创造性思维，是指打破固有的思维模式，以新的角度、新的方式去分析问题，得出不一样的并且具有创造性结论的思维模式，它反映了思维活动的创造精神。思维的独创性来源于独立思考，来源于主体对知识经验或思维材料高度概括后集中而系统的迁移。学生能独立地、自觉地掌握数学概念，发现定理的证明方式，发现教师在课堂上讲过的例题的新颖解法等，都是其思维独创性的具体表现。

思维独创性的反面是思维的保守性，主要表现是思维受条条框框的限制，落入俗套，从而产生思维的惰性。消除学生思维保守性的方法是在加强基础知识学习和基本技能训练的前提下，引导学生独立思考，让学生从分析问题的角度出发，探求新颖独到的解题方法。

在教学过程中，教师进行发散思维训练，能逐渐打破学生思维的保守性。在解题教学中，教师应要求学生不要只满足于一种解法，而要努力寻找更多的解法，并比较哪种解法最优。因此，教师在教学过程中要给予学生足够的思考时间，鼓励学生发表独特见解。只要学生有新思想、新见解、新设想、新方法，就可以认为其具有思维的创新性。

（六）培养思维的批判性

思维的批判性，就是指思维活动中严格地估计思维材料和精细地检查思维过程的智力品质，它是思维过程中自我意识作用的结果。思维的批判性表现为：有能力评价解题思路选择得是否正确，以及评价这种思路导致的结果；愿意检验已经得到的或正在得到的粗略结果，以及对归纳、分析和直觉的推理过程进行检验；善于找出和改正自己的错误，重新计算和思考，找出问题所在；凡事都要经过自己思考，然后再做出判断。

1. 培养学生的质疑精神

教师在数学教学中要鼓励学生大胆质疑，敢于发表自己的观点和看法，而不是"人云亦云"。要让学生愿意质疑，必须坚持教学民主的原则。宽松、和谐的教学氛围，民主、平等的师生关系，有利于鼓励学生独立思考，使其敢于提出问题，勇于发表意见。具体来说，教师在教学中要做到"三欢迎""三允许"。所谓"三欢迎"，一是欢迎质疑，二是欢迎发表与教材不同的见解，三是欢迎发表与教师不同的意见。所谓"三允许"，一是允许说错、做错，二是允许改变观点，三是允许保留意见。

2. 提高学生的识别能力

许多数学题目中都潜存着隐含条件，这种条件只有经过深入分析才能被发现，挖掘隐含条件是培养学生思维品质的重要途径。教师应引导学生在辨析题目的过程中，把握问题的本质，挖掘题目中的隐含条件，从而提高学生的识别能力。学生的学习过程，其实就是不断辨析和更新自己头脑中的知识结构的本质的过程。而且，这样的教学比正面讲授的效果要好得多，在潜移默化中就能训练学生的批判性思维。

总之，学生思维品质的各个方面是一个有机的整体，它们是彼此联系、相互渗透、不可分割的。培养学生良好的思维品质是一项艰巨而复杂的任务，不可能立竿见影。在平时的数学教学中，教师应充分利用不同题型和不同方法，培养学生的思维品质。同时，想要真正有效地提高学生的思维品质，教师在教学中还要通过积极的引导，培养学生坚毅顽强的钻研能力、对比筛选的分析能力、专注持久的注意力、大胆的想象力以及破旧立新的创造力等。教师要注意从基础抓起，着重培养学生的形象思维能力和逻辑思维能力；要不断地更新教学观念，改进教学方法，优化教学过程，创设思维情境，加强思维训练，积极摸索规律，认真总结经验。

二、培养学生数学思维能力的教学策略

培养学生数学思维能力是教育学、心理学中一个十分重要的问题，受到了许多有识之士的极大重视。同时，培养并发展学生的数学思维能力是数学智育教育目标中最根本的一项。教师应分析和探讨学生在数学学习中的心理学基础，弄清数学思维的心理根源，把握它的心理本质，

从而努力提高学生的思维水平。

（一）培养学生的自学能力，提高其数学思维能力

我国著名数学家华罗庚在著文和演说中多次倡导"要学会自学""要学会读书"。他指出，任何人，如果养成了自修的习惯，都是终身受用不尽的。由此可见培养学生自学能力的重要性。首先，自学体现在独立阅读上，它的效率就反映在阅读技能与学生个人在这方面的个性心理特征上；其次，自学是一个数学认识过程，有感知、记忆、思维等，所以它包括各种数学能力；再次，这个独立的数学认识过程在很大程度上脱离了教师的组织、督促与调控，需要学生自己进行组织、制订计划（包括进度）、做出估计、判断正误、评价效果（自我检查）、进行控制（自我监督）、自我调节等，这方面能力就是元认知能力；最后，在自学过程中，学生需要对独立阅读的内容进行概括和整理，弄清知识的来龙去脉以及重点，抓住关键，进而能提出问题、分析问题、解决问题，大胆地对阅读材料提出疑问，甚至提出存在的问题及不当之处等，它反映的是独立思考能力（包括批判能力），这种能力无疑更接近创造能力。

在这个信息爆炸的时代，知识的更新速度比以往任何时候都要快，在学校学习到的知识并不能使学生自如地应对将来的挑战，所以自学能力的培养和提高是教育的一个重要环节。在数学教学中培养学生的自学能力，可以促使学生由"学会"变为"会学"再到"会用"，最后到"会创造"，是对学生终身能力的培养。教师在数学教学中可采用以下方式提高学生的自学能力。

1. 引导学生课前预习

由教材入手，引导学生课前预习。让学生在课前弄清教师将要讲的内容，同时确定哪些内容已清楚、哪些内容不明白，不明白的地方在教师讲的时候要重点听，这样的预习才有针对性，效果才会好。做好课前预习，有助于学生自学能力的提高。

2. 要求学生独立完成作业

作业是对课堂所教知识的复习、再现和消化吸收。学生只有在理解

知识的前提下，独立思考并完成作业，才能使知识得到巩固和补充，变书本知识为自己的知识。如果解题时遇到困难，学生要学会查阅资料，学会从不同角度考虑问题。这样才能锻炼自己的独立思考能力，自学能力也自然会得到提高。

3. 设计典型例题

教师应注意汇集和选择典型例题、习题，用以加强对学生解题能力的训练，帮助学生形成多向联系的知识网络，从而提高学生的自学能力。

（二）充分利用课堂教学，提高学生的数学思维能力

数学知识是数学思维活动升华的结果，整个数学教学过程就是数学思维活动的过程。因此，课堂教学作为学校教学的基本形式，在各种教学环节中始终占据主导地位，有着不可忽视的优点和作用。为了发挥课堂教学在发展学生思维能力方面的作用，数学教师要深入钻研教材内容，运用最恰当的教学方法，做到理论联系实际，不断提高课堂教学的效果。具体来说，可以从以下几个方面着手。

1. 使学生对数学思维本身的内容有明确的认识

长期以来，数学教学过分地强调对逻辑思维，特别是演绎逻辑的培养，因而导致了教师只注重培养学生"再现性思维""总结性思维"等弊病。为了发展学生的创造性思维，数学教师必须冲破传统数学教学中把数学思维单纯地理解成逻辑思维的旧观念，把直觉、想象、顿悟等非逻辑思维也作为数学思维的组成部分。数学教育不仅赋予学生"再现性思维"，还赋予学生"再造性思维"。这里应该注意，为了不使学生对"再造性思维"望而生畏，应明确地向他们指出：不是只有那些大的发明或创造才需要创造性思维，在用数学知识解决实际问题及证明数学定理时，凡是简捷的过程、巧妙的方法等都属于创造性思维的范畴。

2. 通过概念教学培养学生的数学思维能力

进行数学概念教学，首先需要教师认识概念引入的必要性，创设思维情境及对感性材料进行分析、抽象、概括。比如，为什么要学习函

数，引入函数概念的办法为什么是这样的，是如何想出来的，等等。也就是说，学习数学概念的目标，不仅是要解决"是什么"的问题，更重要的是要解决"是怎样想到的"的问题，以及有了这个概念之后，又该如何建立和发展理论的问题。总的来说，就是教师首先要将概念的来龙去脉和历史背景讲清楚。

理解概念的过程是一个复杂的数学思维活动的过程。对概念的理解是更高层次的认识，既是对新知识的加工，也是对旧的思维系统的应用，同时还是建立和调整新的思维系统的过程。[①] 为了使学生正确而有效地理解数学概念，教师在创设思维情境、激发学生学习动机和兴趣之后，还要进一步引导学生对概念的定义进行分析，使学生明确概念的内涵和外延，在此基础上继续引导学生归纳或概括出这一概念的一些基本性质及应用范围等。

还应指出，概念教学的主要目的在于应用概念解决问题。因此，教师还应阐明数学概念及其特性在实践中是如何应用的。从应用概念的角度来看，数学概念教学不应局限于让学生获得概念的共同本质特征和引入概念的定义，还要让学生学会将客体纳入概念的方法，即掌握判断客体是否隶属于概念的方法。教育心理学研究表明，从应用抽象概念向具体的实际情境过渡时，学生一般会遇到较大困难，因为这时既要用到抽象的逻辑思维，更要借助形象的非逻辑思维。

综上所述，数学概念的教学在引入、理解、深化、应用等各个阶段都伴随着重要的创造性思维活动，因而都能达到培养学生数学思维能力的目的。

3. 通过证明数学定理培养学生的数学思维能力

数学定理的证明过程就是寻求、发现和做出证明的思维过程，它几乎动用了思维系统中的各个部分，是一个错综复杂的思维过程。数学定理、公式反映了数学对象的属性之间的关系，要了解这些关系，教师就

---

① 张明纪. 初中数学教学设计与教学方法研究 [M]. 青岛：中国海洋大学出版社，2018.

要创造条件，从感性认识和学生已有的知识入手，调动学生学习定理、公式的积极性，让学生了解定理、公式的形成过程，并设法使学生体会寻求真理的乐趣和喜悦。定理一般是在观察的基础上，通过分析、比较、归纳、类比、想象、概括、抽象而成的。这是一个思考、估计、猜想的思维过程。因此，定理结论的"发现"最好由教师引导学生独立完成，这样既有利于学生创造性思维的训练，也有利于学生分清定理的条件和结论，从而为学生进一步做出严格的论证奠定心理基础。

定理和公式的证明是数学教学的重点，因为它承担着双重任务：一是它的证明方法一般具有典型性，学生掌握了这些具有代表性的方法后可以举一反三；二是通过定理的证明可以发展学生的创造性思维。

总之，当一个命题出现在学生面前时，教师首先应该引导学生从整体上把握它的全貌，凭直觉预测其真假性，在建立初步确信感的基础上，通过积极的思维活动从认识结构里提取有关的信息、思路和方法，最后再给出严格的逻辑证明。

4．讲授知识的同时抓住知识之间的联系

"学而不思则罔，思而不学则殆。"思维是以知识为基础的，如果教师只是传授知识，而不注意说明它们之间的联系，那么学生所学的知识就像一盘散沙，杂乱无章。为使所学的知识结构化和系统化，"思"和"学"必须紧密结合。为此，教师在传授知识的同时，必须紧紧抓住知识之间的联系，对学生进行思维训练，使他们能够运用所学知识举一反三。

5．教学语言要严谨、准确

思维是人脑对客观事物的间接的、概括的反映，思维过程是不可见的，但思维的过程、结果是可以用语言等手段间接显示的。可以说，语言是思想的直接体现，思维的实际性表现在语言之中。无论是人类思维的产生，还是人类思维活动的实现以及思维成果的表达都离不开语言。在抽象思维中，概念离不开词语，判断离不开句子，推理离不开词句。

课堂教学中的信息传递主要是通过语言实现的。准确、严密地运用

课堂教学语言是教师完成课堂教学任务的决定因素，对培养、开发和发展学生的数学思维能力也大有好处。教师的讲述、学生对问题的回答，都应具有完整性、条理性和严密性，不能挂一漏万。

（三）培养学生的创造性思维，提高学生的数学思维能力

创造性思维是指人们对事物之间的联系进行的前所未有的思考。创造性思维不但能深刻揭示事物的本质和规律，而且能够产生独特的、新颖的思想和结果。创造性思维是一种十分复杂的心理和智能活动。在数学教学中，教师可以从以下五个方面着手，培养学生的创造性思维。

1. 引导学生提出问题和发现问题

提出问题和发现问题是一个重要的思维环节。提出一个问题往往比解决一个问题更重要，发现科学的第一个重要环节就是发现问题。因此，引导和鼓励学生提出问题和发现问题是很有意义的。即使经过检验发现这个问题是错误的，但这个过程对学生思维的训练也是有益的。

2. 采用启发式的教学方式

培养创造性思维的核心是鼓励学生积极思考，引导学生主动获取知识，培养学生分析问题和解决问题的能力。比如，对数学中的问题或习题，教师应引导学生如何去想、从哪方面去想、从哪方面入手、怎样解决问题。

3. 鼓励学生大胆猜想

猜想是一种领悟事物内部联系的直觉思维，常常是证明与计算的先导。猜想的东西不一定是真实的，其真实性最后还要靠逻辑或实践来验证，但它蕴含着极大的创造性。在数学教学中，教师要鼓励学生大胆猜想，从简单的、直观的、特殊的结论入手，根据数形对应关系或已有的知识，进行主观猜测或判断，或者将简单的结果进行延伸、扩充，从而得出一般性的结论。

4. 训练学生的发散性思维

发散性思维是根据已知信息寻求多种解决方案的思维方式，即不墨守成规，从多角度思考，然后从多个方面提出新假设或寻求各种可能的

正确答案。发散性思维是创造性思维的主导成分。因此，在数学教学中，教师应采用各种方式对学生进行发散性思维训练。例如：教师在讲课时，对同一问题可用不同方法进行多方位讲解或给出不同解法；在总结知识时，可以从不同的角度进行总结概括。

5. 充分利用逆向思维

逆向思维是与习惯思维相对的一种思维方式，它的基本特点是从已有思路的反方向去思考问题。顺推不行，就考虑逆推；直接解决不行，就想办法间接解决；正命题研究过后，研究逆命题；探讨可能性遇到困难时，就考虑探讨不可能性。这样的思维方式有利于学生克服思维习惯的保守性，往往能产生一些意想不到的效果，从而促进学生数学创造性思维的发展。

培养学生的逆向思维可从以下几个方面进行。

第一，注意阐述定义的可逆性。

第二，注意公式的逆用，逆用公式和顺用公式同等重要。

第三，对问题的常规提法与推断方式进行反方向思考。

第四，注意解题中的可逆性原则，如正面解题受阻时，可逆向思考。

（四）培养数学元认知能力，提高学生的数学思维能力

在众多的元认知定义中，以元认知研究的开创者——美国发展心理学家弗拉维尔的界定最具代表性。弗拉维尔将元认知表述为个人关于自己的认知过程及结果或其他相关事情的知识，以及为完成某一具体目标或任务，依据认知对象对认知过程进行主动的监测以及连续的调节和协调。之后，弗拉维尔对元认知做了更简练的概括，他指出，元认知就是反映或调节认知活动的任一方面的知识或认知活动。可见，元认知这一概念包含两个方面的内容：一是有关认知的知识；二是对认知的控制与调节。也就是说，一方面，元认知是一个知识实体，它包含静态的认知能力、动态的认知活动；另一方面，元认知是一种过程，即对当前认知活动的意识、控制与调节过程。作为"关于认知的认知"，元认知在认

知活动中起着重要作用。数学元认知能力，就是学生在数学学习中，对数学认知过程的自我意识、自我监控的能力，它以数学元认知知识和元认知体验为基础，在对数学认知过程的评价、控制和调节中显示出来。就其功能而言，它对数学认知过程起指导、支配、决策、监控的作用。

数学中的问题解决可以说是创造性的数学思维活动，与其他较低水平的心理活动相比，数学问题的解决更需要元认知的统摄、调节和监控。因此，在数学教学中培养学生的数学元认知能力，对提高学生的数学学习成绩、培养学生良好的思维品质乃至提升学生的综合素质都具有重要作用。

教师在数学教学中应充分尊重学生在学习中的主体地位，采用科学的教学方法，有目的、有计划地对学生进行元认知能力的培养和训练。首先，教师应该丰富学生的元认知知识，教给学生提升元认知能力的策略。其次，教师要加强对学生元认知操作的指导，提升学生自我规划、自我控制、自我评价能力。最后，教师应培养学生的数学反思能力和概括总结等习惯。

总之，培养学生的数学思维能力是现代社会发展的要求，落实它是一项艰巨的任务。数学思维能力的培养是一项系统工程，涉及数学科学、心理学、教育学等专业理论，需要数学教师、教育工作者、教育管理者共同努力。

参考文献

[1]陈秀英.初中数学教学实践与研究[M].天津:天津科学技术出版社,2018.

[2]陈兆国.核心素养视域下初中数学教学研究[M].沈阳:辽海出版社,2019.

[3]成艳玲.核心素养视域下初中数学课堂教学策略探寻[M].长春:吉林人民出版社,2020.

[4]顿继安.素养导向的初中数学教学十五讲[M].北京:北京教育出版社,2019.

[5]付杰.初中数学教学的基本素养[M].西安:陕西人民教育出版社,2020.

[6]黄和悦.初中数学素养提升的教学解读与实践[M].上海:上海科技教育出版社,2019.

[7]黄雄,陈文强.初中数学"综合与实践"课程教学改革研究[M].厦门:厦门大学出版社,2019.

[8]江少佳.初中数学变式教学探究与实践[M].北京:世界图书出版公司,2020.

[9]李秀珍.初中数学课堂教学实践与研究[M].长春:吉林人民出版社,2020.

[10]李延亮,张全友,杨瀚书,等.初中数学课程与教学的实践研究[M].青岛:中国海洋大学出版社,2015.

[11]刘中立.优化初中数学教学的有效策略[M].成都:四川民族出版社,2019.

[12]刘忠.融合认知工具的初中数学混合式教学研究[M].广州:暨南大学出版社,2020.

[13]马小为.初中数学有效教学[M].北京:北京师范大学出版社,2015.

[14]潘小梅.初中数学教学研究入门36问[M].杭州:浙江大学出版社,2017.

[15]孙桂瑾.初中数学教学设计与方法[M].汕头:汕头大学出版社,2018.

[16]王章永,何静煊.优化初中数学教学设计[M].重庆:重庆大学出版社,2020.

[17]温剑.初中数学教学方法研究与实践[M].西安:西安地图出版社,2019.

[18]袁虹,章飞.初中数学微课设计与案例赏析[M].北京:北京师范大学出版社,2018.

[19]张东.几何直观与初中数学教学[M].北京:北京教育出版社,2019.

[20]张俊忠.基于核心素养的初中数学探究式教学研究[M].贵阳:贵州大学出版社,2019.

[21]张丽芝.初中数学再创造[M].上海:上海社会科学院出版社,2020.

[22]张明纪.初中数学教学设计与教学方法研究[M].青岛:中国海洋大学出版社,2018.

[23]张铭德.初中数学教学信息化体系建构研究[M].天津:天津科学技术出版社,2020.

[24]张艳侠.初中数学有效教学实践[M].沈阳:辽宁大学出版社,2017.

[25]赵刊.中学教育教学研究与实践[M].成都:西南交通大学出版社,2018.